AUSGEWÄHLTE DOKTORDISSERTATIONEN
DER
LEIPZIGER JURISTENFAKULTÄT.

DIE UNRICHTIGKEIT DES GRUNDBUCHS NACH NEUEM DEUTSCHEN REICHSRECHT.

Von

Dr. KURT SCHILDE.

LEIPZIG,
VERLAG VON VEIT & COMP.
1899.

Druck von Metzger & Wittig in Leipzig.

Inhalt.

Litteratur.

Biermann, Das Sachenrecht des Bürgerlichen Gesetzbuchs. Berlin 1898. (Aus dem Kommentar zum Bürgerlichen Gesetzbuch, herausgeg. von Biermann u. A.)

Böhm, Das materielle und formelle Reichsgrundbuchrecht. Hannover 1898.

Dernburg, Das Sachenrecht des deutschen Reiches und Preußens. Halle 1898.

Endemann, Einführung in das Studium des Bürgerlichen Gesetzbuchs. Lehrbuch des Bürgerlichen Rechts. 3. u. 4. Aufl. 2. Bd., I. Teil: Sachenrecht. Berlin 1898.

Grützmann, Das Grundbuch. (Aus: Sächs. Archiv für Bürgerliches Recht und Prozeß, herausg. von Hoffmann u. A. VIII. Bd., S. 143 f., 193 f.) Leipzig 1898.

Hachenburg, Beiträge zum Hypotheken- und Grundschuldrecht des Entwurfs eines Bürgerlichen Gesetzbuchs (II. Lesung). Mannheim 1895.

Hachenburg, Das Bürgerliche Gesetzbuch für das deutsche Reich. Vorträge, gehalten in den Jahren 1896/1897. Mannheim 1898.

Kober, Sachenrecht (III. Bd. des Kommentars zum Bürgerlichen Gesetzbuch, herausgeg. von v. Staudinger). München 1898.

Staffel, Erörterungen über die Grundbuchberichtigung im künftigen Recht. (Aus: Sächs. Archiv. für Bürgerliches Recht und Prozeß, herausgeg. von Hoffmann u. A. IX. Bd., S. 202 f.) Leipzig 1899.

Strecker, Die allgemeinen Vorschriften des Bürgerlichen Gesetzbuchs über Rechte an Grundstücken. Berlin 1898.

Die Motive zu dem Entwurfe des B.G.B. (I. Lesung) sind nach der amtlichen Ausgabe (Berlin u. Leipzig, Guttentag, 1888), die Protokolle der Kommission für die II. Lesung des Entwurfs des B.G.B. nach der im Auftrag des Reichsjustizamts bearbeiteten Ausgabe von Achilles, Gebhard und Spahn (Berlin, Guttentag, 1899), die Paragraphen der Civilprozeßordnung und der Konkursordnung nach der auf dem Gesetz vom 17. Mai 1898 beruhenden neuen Fassung zitiert.

§ 1. Einleitung.

Unserer neueren Rechtsentwickelung folgend, hat das Bürgerliche Gesetzbuch für das Deutsche Reich das Immobiliarsachenrecht auf dem Boden des Grundbuchsystems geordnet und dabei das Eintragungsprinzip, sowie das Prinzip des öffentlichen Glaubens des Grundbuchs im wesentlichen durchgeführt. Es ist also einerseits im allgemeinen der Eintritt von Rechtsänderungen an eine entsprechende Eintragung im Grundbuch gebunden (Eintragungsprinzip), andererseits wird demjenigen, welcher im Vertrauen auf den Grundbuchinhalt handelt, dieser als richtig gewährleistet (Vertrauens-, Publizitätsprinzip). Der Inhalt des Grundbuchs gilt als richtig, wie § 892 B.G.B. sagt: er gilt als richtig, obwohl er vielleicht in Wirklichkeit unrichtig ist.

Die Möglichkeit einer Unrichtigkeit des Grundbuchs ist in der dem Eintragungsprinzip durch das Gesetzbuch gegebenen Ausgestaltung begründet. In einer Rechtsordnung, die mit dem Eintrag ins Grundbuch die seinem Inhalt entsprechende Rechtsänderung unabhängig von dem Vorhandensein sonstiger Voraussetzungen verknüpft und keine Rechtsänderung ohne entsprechenden Bucheintrag zuläßt, dem Eintrag also formale Rechtskraft in positiver und negativer Beziehung beilegt, ist die Möglichkeit einer Unrichtigkeit des Grundbuchs im Sinne der Nichtübereinstimmung des Buchstandes mit der wirklichen Rechtslage schlechterdings ausgeschlossen: der Buchstand ist dann unter allen Umständen der wirkliche Rechtsstand. Das B.G.B. hat diese Auffassung nicht zum geltenden Recht erhoben. Einerseits bewirkt der Bucheintrag für sich nicht den Eintritt der Rechtsänderung; zu ihrer Herbeiführung müssen gewisse materielle Faktoren — z. B. bei rechtsgeschäftlichen Veränderungen der dingliche Vertrag bezw. die einseitige Aufgabeerklärung — hinzutreten. Andererseits vollziehen sich gewisse Rechtsänderungen — es sei als Beispiel nur der Rechtsübergang durch Erbfolge erwähnt — ohne Bucheintrag, rein auf Grund außerbücherlicher Vorgänge.

Es ist also der Bucheintrag weder die einzige, noch auch die ausnahmslos erforderliche Voraussetzung für den Eintritt von Rechtsänderungen.

Wenn nun ein Eintrag ins Grundbuch erfolgt, ohne daß die sonstigen Voraussetzungen für den Eintritt der verlautbarten Rechtsänderung wirksam vorhanden sind, oder wenn eine Rechtsänderung ohne Bucheintrag eintritt, so liegt eine Nichtübereinstimmung des Buchstandes mit der wirklichen Rechtslage, mit anderen Worten eine Unrichtigkeit des Grundbuchs vor.

Bei der großen Bedeutung, welche dieser Zustand namentlich vermöge des Prinzips der publica fides des Grundbuchs hat, verlohnt es sich wohl, denselben eingehender zu untersuchen. Die Unrichtigkeit des Grundbuchs soll daher der Gegenstand der folgenden Ausführungen sein.

---

§ 2. Begriff der Unrichtigkeit.

Die Unrichtigkeit des Grundbuchs ist, wie wir im Anschluß an § 894 B.G.B. sagen können, der Zustand der Nichtübereinstimmung des Grundbuchinhalts mit der wirklichen Rechtslage. Wir haben also den Grundbuchinhalt mit der wirklichen Rechtslage zu vergleichen: stimmen beide überein, ist also das Grundbuch ein getreues Abbild der wirklichen Rechtslage, so ist dasselbe richtig; fehlt es an dieser Übereinstimmung, so liegt Unrichtigkeit vor.

Wir erwarten vom Grundbuchinhalt, daß er mit der wirklichen Rechtslage übereinstimme, und zwar in zweifacher Hinsicht:

1. Einmal setzen wir von jedem einzelnen Bucheintrag voraus, daß derjenige rechtliche Zustand, welcher sich aus ihm als bestehend ergiebt, auch in Wirklichkeit besteht, und zwar nicht nur, daß er eingetreten ist, sondern auch, daß er unverändert fortbesteht, soweit nicht aus späteren Einträgen sich eine Veränderung ergiebt. Der einzelne Bucheintrag kommt hierbei nicht als Beurkundung eines Werdens, sondern als Erkennungsmittel eines Gewordenen, eines bestehenden Zustandes in Betracht. Der Eintrag, daß A das Grundstück an B aufließ, bedeutet uns: B ist Eigentümer des Grundstücks. Dem Eintrag, daß die Hypothek gelöscht wird, entnehmen wir, daß sie nicht mehr besteht.

2. Andererseits fassen wir die gesamten auf einem Grundbuchblatt befindlichen Einzeleinträge zusammen und nehmen von dem hieraus sich ergebenden Gesamtbild an, daß es ein vollständiges Bild aller derjenigen rechtlichen Verhältnisse sei, welche überhaupt

aus dem Grundbuch erkennbar sind. Alle diejenigen rechtlichen Verhältnisse, welche im Grundbuch verzeichnet werden können, erwarten wir, wenn sie wirklich bestehen, dort eingetragen vorzufinden; sind sie auf dem einzelnen Blatte nicht verlautbart, so nehmen wir an, daß sie für dieses Grundstück nicht bestehen.[1]

Mit anderen Worten: wir fordern vom Grundbuchinhalt nicht nur die Richtigkeit der einzelnen Einträge, sondern auch die Vollständigkeit des gesamten Grundbuchinhalts.

Wenn wir nun zuvörderst festzustellen suchen, was denn überhaupt ins Grundbuch eingetragen werden kann, so finden wir in dieser Beziehung im neuen Reichsrecht nicht eine derartige Zusammenstellung, wie sie z. B. für das sächsische Recht die Gerichtsordnung vom 9. Januar 1865 in den §§ 114—121 giebt. Die Bestimmungen darüber sind vielmehr im B.G.B. und den Nebengesetzen an verschiedenen Stellen zerstreut.

1. Selbstverständlich ist, daß das einzelne Grundbuchblatt den Gegenstand zu bezeichnen hat, für welchen es als Grundbuch im Sinne des B.G.B. anzusehen ist (G.B.O. 3). Dieser ist in der Regel ein Grundstück, kann aber auch ein Erbbaurecht (G.B.O. 7) oder ein nach den Artikeln 63. 68. 196 des Einführungsgesetzes zum B.G.B. diesem gleichstehendes Recht sein (G.B.O. 84). Veränderungen hinsichtlich des Gegenstandes bedeuten die Zuschreibung eines Grundstücks zu einem anderen und die Vereinigung mit demselben (B.G.B. 890, G.B.O. 5) und die Abschreibung eines Grundstückteils (G.B.O. 6). Da Rechte, welche dem jeweiligen Eigentümer eines Grundstücks als solchen zustehen, nach B.G.B. 96 als Grundstücksbestandteile gelten, so läßt G.B.O. 8 auf Antrag des Eigentümers deren Vermerk auf dem Blatte dieses Grundstücks zu.

2. Das Grundbuch hat sodann den Eigentümer des Grundstücks bezw. den Inhaber des mit einem besonderen Blatte ausgestatteten Rechtes namhaft zu machen.

3. Es giebt weiter Auskunft über die am Grundstück (oder Erbbaurecht) bestehenden begrenzten Rechte, wie sie nach Abschnitt 4—8 des 3. Buches des B.G.B. begründet werden können, und zwar hat es anzugeben den Inhalt (zu dessen näherer Bezeichnung regelmäßig auf die Eintragsbewilligung Bezug genommen werden kann, B.G.B. 874), das Subjekt und den Rang dieser Rechte; der letztere ergiebt sich, soweit nicht ein besonderer Eintrag einer

[1] Anders Prot. III. S. 77, wo ausgeführt wird, das Grundbuch gewährleiste die Vollständigkeit seines Inhaltes nicht in dem Sinne, daß Rechte, die zu ihrer Entstehung der Eintragung nicht bedürfen, zu gunsten des auf das Grundbuch Vertrauenden als nicht bestehend gelten, falls sie nicht eingetragen sind. Dagegen mit Recht Biermann S. 42.

abweichenden Rangordnung vorliegt, lediglich aus der Reihenfolge und dem Datum der Eintragungen.

Was die Hypothek anlangt, so ist aus §§ 1138. 1157 B.G.B. zu folgern, daß auch die Eintragung einer dem Eigentümer gemäß §§ 1137. 1157 zustehenden Einrede möglich ist, und zwar nicht etwa lediglich in der Form eines Widerspruchs gegen den Hypothekeneintrag, sondern als selbständig die Einrede verlautbarender Bucheintrag.[1]

4. Das B.G.B. (§ 873) kennt ferner die grundbücherliche Eintragung der Belastung eines Rechtes am Grundstücke mit einem anderen Rechte. In letzterer Beziehung können nur das Pfandrecht und der Nießbrauch in Frage kommen.

5. Aus § 892 Satz 2 B.G.B. ergiebt sich, daß Beschränkungen eines eingetragenen Berechtigten, denen er zu gunsten einer bestimmten Person hinsichtlich der Verfügung über das für ihn eingetragene Recht unterworfen ist, der Eintragung fähig und zur Wirksamkeit gegen den sie nicht kennenden Dritten bedürftig sind. Solcher Art sind die Eintragung des Zwangsversteigerungs- oder -Verwaltungsvermerkes (§§ 19. 146 Z.V.G.), die des allgemeinen Veräußerungsverbotes, sowie der Eröffnung des Konkursverfahrens (K.O. 113), die in §§ 52. 53 G.B.O. vorgeschriebenen Eintragungen des Vorhandenseins eines Nacherben oder eines Testamentsvollstreckers u. a. Nicht gehört hierher der Arrestbefehl, den Endemann (S. 86) und Biermann (S. 42), wohl im Anschluß an Mot. III. S. 218 (unter β), als Beispiel anführen. Der Arrestbefehl begründet keine Verfügungsbeschränkung, es kommen lediglich die pfandrechtlichen Wirkungen des vollzogenen Arrestes in Betracht.[2]

Wohl aber läßt sich hierher die durch die Rechtshängigkeit begründete Verfügungsbeschränkung stellen, der zufolge die Prozeßpartei das den Gegenstand oder die Voraussetzung der Klage bildende Recht bezw. das im Streit befangene Grundstück nur so veräußern kann, daß das gegen sie ergehende Urteil auch gegen den Rechtsnachfolger wirkt. Die Motive (III. S. 217 ff.) wollten die Eintragung der Rechtshängigkeit nicht zulassen, bei der Beratung durch die zweite Kommission (Prot. III. S. 107) wurde die Frage

---

[1] Dies folgt daraus, daß in §§ 1138. 1157 auch § 894 angezogen ist.

[2] Die Unterscheidung ist nicht unwesentlich: Wer nach der Arrestanordnung, aber noch vor Stellnng des Antrags auf Eintragung der Sicherungshypothek (C.P.O. 932) das Grundstück von dem Arrestschuldner aufgelassen erhält, müßte nach der von Endemann vertretenen Ansicht den Arrestbefehl gegen sich gelten lassen, wenn er ihn in dem nach § 892 Abs. 2 maßgebenden Zeitpunkte kannte, während ihm diese Kenntnis nach unserer Auffassung nichts schaden kann.

angeregt, aber eine Entscheidung nicht herbeigeführt. Anerkannt wird die Eintragsfähigkeit der Litigiosität u. a. von Kober S. 49 und Böhm S. 63. Sie ergiebt sich m. E. aus § 325 Abs. 2 C.P.O.: nach dieser Bestimmung ist auch hinsichtlich der Rechtshängigkeit § 892 B.G.B. anzuwenden; das setzt aber voraus, daß sie im Grundbuch ersichtlich gemacht werden kann.

6. Das B.G.B. kennt ferner ihrem Zwecke nach nur vorläufige Eintragungen, nämlich die Vormerkung (§ 883) und den Widerspruch (§ 899).

7. Endlich giebt es noch Einträge, welche der Berichtigung des unrichtig gewordenen Grundbuchs dienen sollen (B.G.B. 894).

Wir wollen nunmehr die einzelnen im Grundbuch vorkommenden Einträge einer Prüfung in der Richtung unterziehen, inwiefern ihr Vorhandensein oder ihr Fehlen bezw. ihre Beschaffenheit eine Unrichtigkeit des Grundbuchs zu begründen vermag, welche Bedeutung ihnen also für die Richtigkeit oder Unrichtigkeit beizumessen ist. Dabei haben wir mit Rücksicht darauf, daß die Bedeutung der Unrichtigkeit wesentlich auf dem Gebiete des Publizitätsprinzips liegt, vor allem auch darauf unser Augenmerk zu richten, inwiefern die Unrichtigkeit des Grundbuchs bei den einzelnen Einträgen für das Eingreifen des Publizitätsprinzipes in Betracht kommt.

I. Was zunächst die Bezeichnung des Gegenstandes des Grundbuchblattes anlangt, so ist ohne weiteres klar, daß dieser (soweit Grundstücke in Frage kommen) nicht die Bedeutung beigelegt werden kann, daß die Existenz des Grundstücks in der Natur durch seine Verlautbarung im Grundbuch gewährleistet werden solle. Durch die Angabe des Grundstücks soll vielmehr lediglich gesagt werden, daß dasselbe den Gegenstand der auf diesem Blatte verlautbarten Rechtsverhältnisse bildet.

Die Bezeichnung der Grundstücke ist nun in verschiedener Weise denkbar. Das Ideal einer Bezeichnung wäre diejenige, welche auf einer durchaus genauen Karte das vollkommen getreue Abbild des Grundstücks in seiner Lage und seinen Grenzen gäbe. Wäre dieses Ideal erreichbar, so könnte dieser Bezeichnung öffentlicher Glaube in der Beziehung beigemessen werden, daß die Grenzen des Grundstücks auf der Karte richtig angegeben sind, und es ließe sich wohl denken, daß der im Vertrauen auf diese Karte Erwerbende auch beanspruchen dürfte, daß die Grenze entsprechend der Zeichnung thatsächlich in der Flur von seinen Nachbarn respektiert werde. Ob ein solches Ideal überhaupt oder auch nur annähernd erreichbar und ob eine derartige Ausgestaltung des Publizitätsprinzips wünschenswert ist, wollen wir hier nicht erörtern. Denn das positive neue deutsche Recht steht zweifellos auf einem anderen Standpunkt. Nach § 2 Abs. 2 G.B.O. erfolgt die Bezeichnung der Grundstücke in den Grundbüchern nach einem amtlichen Verzeichnisse, in welchem die Grundstücke unter Nummern oder Buchstaben aufgeführt sind. Dieses Verzeichnis, dessen Einrichtung durch landesherrliche Verordnung bestimmt wird, ist nicht selbst Bestandteil des Grundbuchs. Es gehören daher auch die darin enthaltenen Angaben über Lage, Grenzen, Größe und andere thatsächliche Verhältnisse des Grundstücks nicht zum Grundbuchinhalt. Soweit aber derartige Angaben, weil sie zur Identifizierung des Grundstücks geeignet sind, oder aus anderen Gründen landesrechtlicher Bestimmung zufolge im Grundbuch selbst verzeichnet werden können, sind sie nicht als Grundbuchinhalt im Sinne des B.G.B. anzusehen. Insbesondere kann sich nicht etwa der Erwerber auf Grund § 892 B.G.B. auf die Richtigkeit derartiger Angaben verlassen. Was dann zu geschehen hat, wenn die Angaben des amtlichen Verzeichnisses oder die neben der reichsgesetzlich vorgeschriebenen Bezeichnung des Grundstücks nach Nummer oder Buchstabe etwa sonst noch im Grundbuch befindlichen Angaben thatsächlicher Art unrichtig sind, das unterliegt landesrechtlicher Bestimmung und scheidet daher aus unserer Betrachtung aus.

Soweit ein Erbbaurecht oder ein ähnliches Recht den Gegenstand eines besonderen Grundbuchblattes bildet, kann der Fall vorkommen, daß das als Gegenstand auf dem Blatt verzeichnete Recht in Wirklichkeit nicht besteht. Die Frage, ob hierin eine Unrichtigkeit des Buches liegt, die für das Publizitätsprinzip bedeutsam sein könnte, ob also auch der Bestand des Rechtes durch das Grundbuch gewährleistet werde, kann nicht einfach durch Hinweis auf die obigen Ausführungen verneinend beantwortet werden. Denn während ein in der Wirklichkeit nicht vorhandenes Grundstück durch gutgläubigen Erwerb nicht zur Entstehung kommen kann, ist das bei einem nicht bestehenden Rechte (an wirklich vorhandenem Grundstück) sehr wohl denkbar.

Wir wollen von einem praktischen Fall ausgehen. A, Eigentümer des Grundstücks Nr. 1, bestellt dem B ein Erbbaurecht an demselben, das ordnungsmäßig auf dem das Grundstück Nr. 1 betreffenden Blatte eingetragen wird. Die Parteien beantragen weiter die Anlegung eines besonderen Blattes für das Erbbaurecht (G.B.O. 7). Wir nehmen nun an, daß auf diesem Blatt das Erbbaurecht versehentlich als am Grundstück Nr. 11 — anstatt an dem Nr. 1 — bestehend bezeichnet wird und daß B das Erbbaurecht auf den C ordnungsmäßig überträgt. Wollte man nun zu gunsten des C, der auf Grund des für das Erbbaurecht angelegten Blattes annahm, es bestehe an Nr. 11, das Erbbaurecht entsprechend dieser Eintragung entstehen lassen, so würde das höchst unbillig gegen den Eigentümer von Nr. 11 sein; er befindet sich im ungestörten Besitz seines Grundstücks, auf dem Blatte desselben ist die Eintragung des Erbbaurechtes nie erfolgt, er hat von der Anlegung des neuen Blattes und dessen Inhalt nie Kenntnis erhalten.

Für die Frage, ob ein Erbbaurecht wirklich entstanden ist, ist nun die Thatsache der Anlegung eines besonderen Grundbuchblattes bedeutungslos. Das Erbbaurecht muß auf dem Blatte des von ihm belasteten Grundstücks eingetragen sein: denn zur Belastung des Grundstücks mit dem Rechte ist nach § 873 B.G.B. die Eintragung in das Grundbuch erforderlich, und als Grundbuch hat nach G.B.O. 3 für das Grundstück das dasselbe betreffende Grundbuchblatt zu gelten. Wie für die Frage des Entstehens muß aber folgerecht auch für die des Bestehens des Erbbaurechtes die Eintragung auf dem das belastete Grundstück betreffenden Blatte maßgebend sein. Der Gegenstandsbezeichnung auf dem Erbbaurechtsblatte kann also öffentlicher Glaube hinsichtlich der Existenz des Rechtes nicht beigemessen werden.

Dasselbe gilt übrigens auch von den Rechten, welche als dem jeweiligen Eigentümer des (herrschenden) Grundstücks zustehend auf dem Blatte dieses Grundstücks vermerkt werden (G.B.O. 8). Da die zur Entstehung jener Rechte erforderliche Eintragung nach B.G.B. 873, G.B.O. 3 auf dem Blatte des belasteten Grundstücks zu erfolgen hat, so ist auch die Frage ihrer Existenz oder Nichtexistenz lediglich aus dem Blatte dieses Grundstücks zu beantworten; ihr unrichtiger Vermerk auf dem Blatte des „herrschenden“ Grundstücks kann keinen Erwerb gemäß § 892 B.G.B. begründen.

Hieraus ist nun nicht zu schließen, daß die Bezeichnung des Gegenstandes für den Begriff der Unrichtigkeit des Grundbuchs im Sinne des B.G.B. und insbesondere in der Richtung des § 892 gar nicht in Frage kommen könne.

Es können auf einem Grundbuchblatt Grundstücke verzeichnet sein, welche dem wirklichen Rechtsverhältnis nach einem anderen Blatt zugehören. Es hat z. B. der Eigentümer des aus den Parzellen Nr. 1—7 bestehenden, auf Folium A verzeichneten Komplexes die Parzellen Nr. 5—7 von seinem Grundbesitz abgetrennt und verkauft. Die Auflassung ist ordnungsmäßig erfolgt, auf dem neu angelegten Folium X ist der Käufer als Eigentümer eingetragen, durch ein Versehen des Grundbuchbeamten sind aber die Parzellen 4—7, nicht nur 5—7, von Folium A abgeschrieben und auf das neue Folium X übertragen. Das Grundbuch ist insoweit unrichtig, da es ein Grundstück (hier Parzelle 4) als den auf jenem Blatte (Folium X) verlautbarten Rechten unterworfen ausgiebt, obwohl dies in Wirklichkeit nicht der Fall ist. Diese Unrichtigkeit kann sich zweifellos auch in der Richtung des Publizitätsprinzips verhängnisvoll bethätigen: derjenige, welcher sich auf das Grundbuch verläßt, erwirbt die Rechte auch an den unrichtigerweise auf jenem Blatt verlautbarten Flurstücken. Dasselbe kann bei einem Erbbaurecht vorkommen, das einem Grundstück als Bestandteil zugeschrieben ist.

Es ist noch des Falles zu gedenken, daß ein Grundstück thatsächlich existiert, im Grundbuch aber als Gegenstand eines bestimmten Blattes nicht verzeichnet ist, ohne daß es nach G.B.O. 90 vom Buchungszwange befreit wäre. Hier kann man zwar von einer Unvollständigkeit des Grundbuchs als des aus den einzelnen Grundbuchblättern bestehenden Buches, nicht aber von einer Unrichtigkeit des Grundbuchs im Sinne des B.G.B. reden. Für das betreffende Grundstück fehlt das Grundbuch in diesem Sinne überhaupt. Das Grundbuch ist insoweit, obwohl es auch für dieses Grundstück angelegt sein sollte und nach Art. 186 Abs. 2 des Einführungsgesetzes zum B.G.B. für dieses Grundstück als angelegt gilt, doch thatsächlich nicht angelegt. G.B.O. 91 überweist daher auch das Verfahren zum Zwecke der Eintragung solcher Grundstücke der Bestimmung durch landesherrliche Verordnung ebenso, wie Art. 186 des Einführungsgesetzes das Verfahren, in welchem die Anlegung der Grundbücher erfolgt.

Hat ein Grundstück bei Anlegung des Grundbuchs zwar seinen Platz auf irgend einem Blatt erhalten, ist es aber von dort wieder abgeschrieben worden, ohne auf einem anderen Blatte wieder zu erscheinen und ohne vom Buchungszwang befreit zu sein, so kann der Abschreibungseintrag als unrichtig in Frage kommen: nämlich dann, wenn der wirklichen Rechtslage nach das abgeschriebene Grundstück noch dem auf jenem Blatt verlautbarten Komplex zugehört. Der Fall kann jedoch auch so liegen, daß der Abschreibungseintrag richtig war und lediglich die Anlegung eines neuen Blattes ordnungswidrig unterblieben ist; dieser Fall steht dem der Nichtanlegung des Grundbuchs für dieses Grundstück gleich.

II. Der Eigentümereintrag kann insofern unrichtig sein, als er nicht den wirklichen Eigentümer, sondern einen Anderen als den Berechtigten erkennen läßt.

Bei den das Grundstück belastenden Rechten und den Rechten an solchen besteht die Unrichtigkeit des Grundbuchs entweder in Bezug auf die Existenz dieser Rechte schlechthin, sei es, weil es Rechte verzeichnet, die in Wirklichkeit nicht bestehen (von Anfang an oder infolge späteren Wegfalls), sei es, weil wirklich bestehende Rechte nicht eingetragen oder fälschlich gelöscht sind. Oder die

Unrichtigkeit liegt vor hinsichtlich des Subjekts, des Inhalts oder des Rangverhältnisses eines eingetragenen und auch wirklich bestehenden Rechtes. Betrifft die Unrichtigkeit nur den Inhalt oder das Rangverhältnis, so wird man sagen können, daß das Recht „nicht richtig eingetragen“ sei, eine Ausdrucksweise, die in § 894 B.G.B. begegnet. In demselben Sinne spricht § 42 G.B.O. davon, daß eine Hypothek unrichtig eingetragen sei.

Was insbesondere das Rangverhältnis betrifft, so kann die Unrichtigkeit des Buches insofern in einem ausdrücklich das Rangverhältnis regelnden Eintrag beruhen (z. B. wenn auf Grund eines nichtigen Rangänderungsvertrages die erste Hypothek hinter die zweite getreten ist), es kann aber auch das unrichtige Rangverhältnis sich daraus ergeben, daß vor dem betreffenden Rechte unrichtigerweise andere im Range vorhergehende Rechte eingetragen stehen, die in Wirklichkeit ganz oder teilweis nicht existieren. So ist z. B. eine Hypothek nicht richtig eingetragen, wenn eine ihr im Range vorausgehende Gesamthypothek gemäß B.G.B. 1174 erloschen, im Grundbuch aber noch nicht gelöscht ist.

Was schließlich die Einreden gegen eine Hypothek anlangt, so muß es als eine Unrichtigkeit des Grundbuchs angesehen werden nicht nur, wenn eine Einrede eingetragen ist, die dem Eigentümer in Wirklichkeit nicht zusteht (sei es von Anfang an, sei es infolge späteren Wegfalls, z. B. weil der Eigentümer auf sie verzichtet hat), sondern auch, wenn eine dem Eigentümer thatsächlich zustehende Einrede nicht eingetragen[1] oder fälschlich gelöscht worden ist.

Wie bei den eintragsfähigen Rechten, so besteht auch bei der Verfügungsbeschränkung im Sinne des § 892 B.G.B. die Unrichtigkeit des Grundbuchs entweder hinsichtlich ihrer Existenz über-

[1] Hierin liegt ein Unterschied gegenüber der Vormerkung, und es ist daher nicht richtig, wenn Staffel S. 209 sagt, die Berichtigung zum Zwecke der Erhaltung von Einreden laufe nur auf eine Vormerkung hinaus. Wenn der Hypothekengläubiger sich dem A gegenüber verpflichtet hätte, diesem die Hypothek mit der Forderung abzutreten, für diesen Anspruch aber eine Vormerkung nicht eingetragen wäre, so würde dem B, an den die Abtretung thatsächlich erfolgt, die Kenntnis dieses Anspruches des A nichts schaden; wohl aber muß er den zwischen seinem Rechtsvorgänger und dem Eigentümer getroffenen Stundungsvertrag, falls er ihn kennt, gegen sich gelten lassen, auch wenn deshalb kein Einredeeintrag im Grundbuch steht. In letzterem Falle liegt eben eine Unrichtigkeit des Grundbuchs vor, die dem Erwerber bekannt ist; im ersteren kann von einer Unrichtigkeit des Grundbuchs nicht die Rede sein. — Es wäre übrigens nicht zutreffend, die Unrichtigkeit des Grundbuchs im Falle des Bestehens einer nicht eingetragenen Einrede in dem Hypothekeneintrag zu erblicken. Nicht darin besteht die Unrichtigkeit, daß diese Hypothek und wie sie eingetragen ist (die Hypothek besteht zu Recht), sondern in dem Umstande des Nichteingetragenseins der eintragsbedürftigen Einrede.

haupt, indem eine nicht bestehende oder später weggefallene Beschränkung eingetragen oder eine thatsächlich bestehende nicht eingetragen oder fälschlich gelöscht sein kann, oder sie beruht nur darin, daß die Person, zu deren Gunsten der Berechtigte in der Verfügung beschränkt ist, oder ihr Inhalt falsch angegeben ist. Daß auch die Nichteintragung einer bestehenden Verfügungsbeschränkung die Unrichtigkeit des Grundbuchs begründet, kommt auch in § 22 Abs. 2 Satz 2 G.B.O. zur Anerkennung, wo es heißt, der Satz, daß der Nachweis der Unrichtigkeit die Bewilligung des Berichtigungseintrages entbehrlich mache, gelte insbesondere für die Eintragung (oder Löschung) einer Verfügungsbeschränkung.

III. Bei der Vormerkung nach § 883 B.G.B. kann für die Frage der Richtigkeit des Grundbuchs der Fall nicht in Betracht kommen, daß ein der Sicherung durch eine Vormerkung fähiger Anspruch besteht, gleichwohl aber für denselben eine Vormerkung noch nicht eingetragen ist; denn das Grundbuch will nicht über die Existenz solcher Ansprüche Auskunft geben, sondern die Vormerkung soll nur als Sicherungsmittel mit den weitgehenden Wirkungen der §§ 883—888 dienen. Diese Wirkungen treten erst durch die Eintragung der Vormerkung in das Grundbuch ein, gerade so wie irgend ein dingliches Recht an fremdem Grundstück in der Regel erst durch die Eintragung zur Entstehung kommt. Erst dadurch z. B., daß der Anspruch des A gegen den Eigentümer B auf Eigentumsübertragung im Grundbuch vorgemerkt wird, erlangt der A das Recht, von dem C, der nach Eintrag der Vormerkung das Grundstück von B aufgelassen erhält und eingetragen wird, die Zustimmung zu seiner eigenen Eintragung als Eigentümer zu verlangen. So lange die Vormerkung noch nicht eingetragen ist, kommt das Bestehen oder Nichtbestehen des Anspruchs des A für den C nicht in Frage. Das Vorhandensein dieses Anspruchs hat für ihn nicht etwa die Bedeutung einer Verfügungsbeschränkung, deren Kenntnis oder Nichtkenntnis seinen Eigentumserwerb beeinflussen könnte, etwa nach § 892 Abs. 1 Satz 2. Erst durch den Eintrag der Vormerkung wird der B vermöge der ihr gesetzlich zukommendon Wirkungen in seiner Verfügung thatsächlich beschränkt.[1]

Für die Frage der Richtigkeit des Grundbuchs kann erst die einmal eingetragene Vormerkung in Betracht kommen. Ganz ähnlich wie bei den dinglichen Rechten besteht hier die Unrichtigkeit entweder hinsichtlich der Existenz des vorgemerkten Anspruchs (er hat

[1] Es ist nicht richtig, wenn Endemann S. 244 von einer Berichtigung des Grundbuchs durch Eintragung von Vormerkungen (in den Fällen der §§ 18. 76 G.B.O.) spricht.

von Anfang an nicht bestanden oder ist später weggefallen;[1] die Vormerkung ist fälschlich gelöscht, obwohl der Anspruch noch besteht), oder es ist das Subjekt oder der Inhalt des zu sichernden Anspruchs abweichend von der wirklichen Rechtslage im Grundbuch angegeben. Bemerkt sei noch, daß das Vorhandensein einer Einrede gegen den gesicherten Anspruch keine Unrichtigkeit des Buches begründet. Denn der Anspruch besteht, wenn er auch nicht wirksam geltend gemacht werden kann.

Kann nun auch bezüglich des Eintrags einer Vormerkung eine Unrichtigkeit des Grundbuchs vorliegen, so ist doch eine ganz andere Frage, ob auch insoweit dem Grundbuch öffentlicher Glaube zukommt.

Die Vermutung der Richtigkeit des Grundbuchs in der Beziehung, daß ein durch Vormerkung gesicherter Anspruch in Wirklichkeit so bestehe, wie er aus dem Buche ersichtlich ist, könnte — soviel ist von vornherein klar — nur insoweit Platz greifen, als der Eintrag auf Bewilligung, nicht auch, insoweit er auf einstweiliger Verfügung beruht. Denn während nach G.B.O. 29 die Voraussetzungen einer Eintragung in das Grundbuch im allgemeinen durch öffentliche oder öffentlich beglaubigte Urkunden nachgewiesen werden müssen, soweit sie nicht offenkundig sind, ist für den Erlaß einer einstweiligen Verfügung lediglich erforderlich, daß die die Entstehung des zu sichernden Anspruchs begründenden Thatsachen glaubhaft gemacht sind, ja das Gericht kann die einstweilige Verfügung gegen Sicherheitsleistung erlassen, ohne daß diese Glaubhaftmachung erfolgt ist. C.P.O. 936. 921.

Soweit nun aber die Vormerkung bewilligt worden ist von demjenigen, „dessen Grundstück oder dessen Recht von ihr betroffen wird“, muß vor dem Eintrag nach G.B.O. 29 die Eintragsbewilligung entweder zu grundbuchamtlichem Protokoll gegeben oder durch öffentliche oder öffentlich beglaubigte Urkunden nachgewiesen worden sein. Es sind also alle Garantien dafür vorhanden, daß der durch die Vormerkung Betroffene ihre Eintragung wirklich bewilligt hat. Es kann jedenfalls insoweit aus den Grundlagen des Vormerkungseintrags ein Bedenken dagegen, ihm öffentlichen Glauben zuzuschreiben, nicht entnommen werden.

Zur Unterstützung der Anwendung des Publizitätsprinzips auf den bewilligten Vormerkungseintrag könnte man sich darauf berufen, daß der § 892 schlechthin vom „Inhalt des Grundbuchs“ sagt, daß er als richtig zu gelten habe. Auf Grund von § 892 könnte sonach behauptet werden, daß jedenfalls derjenige, welcher

[1] So auch **Dernburg** S. 144 Note 5, S. 153.

ein Recht an einem Grundstück oder an einem solchen Rechte durch Rechtsgeschäft erwirbt, sich auf das Bestehen eines durch die bewilligte Vormerkung gesicherten Anspruchs auf Aufhebung eines Rechtes, welches das von ihm zu erwerbende belastet, oder auf Änderung des Inhaltes oder des Ranges seines erworbenen Rechtes verlassen kann. Angenommen z. B., der als Nießbraucher eingetragene A habe sich dem Eigentümer B gegenüber verpflichtet, auf den Nießbrauch gegen eine bestimmte Entschädigung zu verzichten und es sei deswegen zu gunsten des B eine von A bewilligte Vormerkung eingetragen. Nach der bezeichneten Auffassung müßte der C, welcher das Grundstück von B erwirbt, wie auf die Richtigkeit des Eigentümereintrags, so auch auf die des Vormerkungseintrags, also auf das Bestehen des durch denselben gesicherten Anspruchs sich verlassen können. Oder wenn für den an zweiter Stelle eingetragenen Hypothekar H zur Sicherung des Anspruchs gegen den Eigentümer E, ihm den Vorrang vor der ersten Hypothek einzuräumen, falls diese vom Eigentümer erworben werde, eine von E bewilligte Vormerkung im Grundbuch stünde und nun die dem H zustehende Hypothek mit der Vormerkung auf Grund eines nichtigen Rechtsgeschäftes auf einen Anderen überschrieben würde, der sie mit dem vorgemerkten Anspruch an einen gutgläubigen Dritten abträte, so würde dieser nicht nur die Hypothek, sondern auch den Anspruch auf Rangänderung erwerben, wenn dem bewilligten Vormerkungseintrag öffentlicher Glaube zukäme. In beiden Fällen scheint die Billigkeit dafür zu sprechen, daß der Erwerbende sich auf das Bestehen des vorgemerkten Anspruchs verlassen können müsse.

Für den Fall selbständiger Übertragung des Anspruchs insbesondere auf Einräumung eines dinglichen Rechtes könnte man sich nicht direkt auf § 892 stützen. Denn dieser Paragraph spricht nur von den Fällen des rechtsgeschäftlichen Erwerbes eines Rechtes an einem Grundstücke oder an einem solchen Recht. Dagegen bestimmt § 893, daß § 892 entsprechend anzuwenden sei, wenn zwischen demjenigen, für welchen „ein Recht" im Grundbuch eingetragen ist, und einem Anderen in Ansehung dieses Rechtes ein nicht unter die Vorschriften des § 892 fallendes Rechtsgeschäft vorgenommen wird, das eine Verfügung über das Recht enthält. In § 194 B.G.B. wird der Anspruch ausdrücklich als das „Recht" definiert, von einem Anderen ein Thun oder Unterlassen zu verlangen. Mit Rücksicht hierauf könnte gesagt werden, auch die Vormerkung enthalte die Eintragung eines „Rechtes", nämlich die des zu sichernden Anspruchs. Es sei also für den, zu dessen gunsten die Vormerkung besteht, ein Recht im Grundbuch eingetragen und die Verfügungen über dieses Recht unterfielen dem § 893. Zu gunsten des „Anderen" also, mit dem das die Verfügung über den Anspruch enthaltende Rechtsgeschäft vorgenommen werde, habe der Inhalt des Grundbuchs als richtig zu gelten, es sei denn, daß ein Widerspruch gegen die Richtigkeit eingetragen oder die Unrichtigkeit dem „Anderen" bekannt sei.

Nun muß wohl gesagt werden, daß an eine derartige Auslegung des Gesetzes dessen Redaktoren nicht gedacht zu haben scheinen. Die dem Reichstag vorgelegte Denkschrift zum Entwurf des B.G.B. führt als Beispiele lediglich Zinszahlung und Kündigung einer Hypothek an, also Vorgänge, die sich auf eingetragene dingliche Rechte beziehen. Daß die Motive nur ebensolche Vorgänge anziehen, ist allerdings nicht beweiskräftig, denn der erste Entwurf kannte die Vormerkung zur Sicherung von obligatorischen Ansprüchen nicht, lehnte sie vielmehr ausdrücklich ab (Mot. III, S. 240); die Vormerkung des § 844 des ersten Entwurfs ist der Widerspruch des B.G.B.

Berücksichtigt man ferner, daß in denjenigen Vorschriften, wo das B.G.B. sich ausdrücklich mit der Vormerkung befaßt, nur davon die Rede ist, daß „zur Sicherung eines Anspruchs . . . eine Vormerkung ins Grundbuch eingetragen" (vgl. §§ 883. 439 Abs. 2. 1179) oder daß „der Anspruch durch die Vormerkung gesichert" sei (vgl. §§ 886. 887. 888 u. a.), daß sich aber nirgends die Ausdrucksweise findet, der Anspruch oder das Forderungsrecht sei (in Form einer Vormerkung) in das Grundbuch eingetragen, so wird man den § 893, soweit er davon spricht, daß für jemanden ein Recht im Grundbuch eingetragen sei, nur auf die endgiltigen Einträge dinglicher Rechte, nicht auch auf die Vormerkungseinträge beziehen können.

In Wirklichkeit besteht auch kein praktisches Bedürfnis, die Vormerkungseinträge mit öffentlichem Glauben auszustatten. Sie wollen nur vorübergehender Natur sein, sind von vornherein bestimmt, anderen, durch sie vorbereiteten Einträgen Platz zu machen. Wo aber — wie in den oben angeführten Fällen — das Bedürfnis vorliegt, dem Grundbuch auch insoweit öffentlichen Glauben beizulegen, als es die Aussicht auf Aufhebung eines Rechtes oder auf Änderung seines Ranges oder Inhaltes eröffnet, kann diesem Bedürfnis dadurch genügt werden, daß die Aussicht auf Rechtsänderung als dingliche Begrenzung des Inhaltes der eingetragenen Rechte bezw. als eine im Voraus getroffene eventuelle Rangänderung, nicht aber lediglich in der Form einer Vormerkung zur Sicherung obligatorischen Anspruchs auf Rechtsänderung eingetragen wird. Wird z. B. in dem ersten der oben S. 16 angeführten Fälle ins Grundbuch eingetragen, daß der Nießbrauch durch Zahlung einer bestimmten Geldsumme abgelöst werden kann, so ist dies eine inhaltliche Begrenzung des eingetragenen Nießbrauchs hinsichtlich seiner Dauer. Insoweit nimmt diese Eintragung auch zweifellos an den Bestimmungen des § 892 teil: Der Erwerber des Grundstücks kann sich darauf verlassen, daß das eingetragene belastende Recht keinen anderen Inhalt hat, als er sich aus dem Grundbuch ergiebt. Wird in dem zweiten Fall eingetragen, daß die zweite Hypothek den Vorrang vor der ersten hat, falls diese zur Eigentümerhypothek wird, so ist dadurch die Rangordnung für diesen Fall bereits geändert: vermöge dieses Eintrags besteht die Rangänderung bereits als eine suspensiv bedingte, sie ist nicht lediglich Gegenstand eines bedingten persönlichen Anspruchs. Endlich sei noch darauf hingewiesen, daß — soviel bekannt — in den bisher geltenden Rechten das Publizitätsprinzip auf die den Vormerkungen entsprechenden Einträge nicht ausgedehnt ist. Nach alledem werden wir die Anwendung der §§ 892. 893 zu gunsten der Vormerkungen zur Sicherung obligatorischer Ansprüche abzulehnen haben.[1]

Ist allerdings eine Vormerkung unrichtigerweise gelöscht, dann greift zu gunsten desjenigen, der durch § 892 geschützt wird, das Vertrauensprinzip auch insoweit ein, daß er sich auf die Richtigkeit dieser Löschung verlassen kann.

IV. Was den Eintrag eines Widerspruchs gegen die Richtigkeit des Grundbuchs betrifft, so kann — solange derselbe noch nicht erfolgt ist — nur diejenige Unrichtigkeit des Grundbuchs in Frage kommen, gegen welche sich der Widerspruch richten soll. Wie das Grundbuch durch den Widerspruchseintrag noch nicht richtig wird, so ist es auch nicht deshalb, weil derselbe noch fehlt, unrichtig. Der eingetragene Widerspruch kann aber sehr wohl selbst für die Richtigkeit oder Unrichtigkeit des Buches bedeutsam sein: der Widerspruchseintrag ist unrichtig, wenn der von ihm angefochtene Buchstand in Wirklichkeit richtig ist,[2] sei es daß er es von Anfang war, sei es daß er es später wurde; seine Löschung ist unrichtig, wenn sie erfolgt trotz fortdauernder Unrichtigkeit des Grundbuchs, dies natürlich dann nicht, wenn sie auf giltiger Löschungsbewilligung beruht.

---

[1] So auch Biermann S. 37 und andere. A. M. Böhm, der S. 45 unter II. auf die Vormerkung § 892 Anwendung finden läßt, ohne überhaupt zwischen bewilligter und auf einstweiliger Verfügung beruhender zu scheiden, und S. 74 annimmt, das Recht, gegen welches sich eine unrichtigerweise eingetragene Vormerkung richtet, könne durch Cession seiten des Vorgemerkten gefährdet werden.

[2] So auch Dernburg S. 144 Note 5, S. 153.

V. Die Einträge, welche der Berichtigung des Grundbuchs dienen sollen, können selbst unrichtig sein, wenn der Buchstand, den sie herstellen, mit der wirklichen Rechtslage in Widerspruch steht.

Wir haben mehrfach Gelegenheit gehabt, Zustände, die der Unrichtigkeit des Grundbuchs scheinbar nahe stehen, von dieser selbst zu unterscheiden. In der That bedarf der Begriff der Unrichtigkeit des Grundbuchs in verschiedener Richtung der Abgrenzung gegen ihm scheinbar nahestehende andere Begriffe:

1. Nicht ist Unrichtigkeit des Grundbuchs im Sinne des B.G.B. der Widerstreit der Bucheinträge gegenüber der Wirklichkeit hinsichtlich rein thatsächlicher Zustände, z. B. die Angabe falscher Größenverhältnisse des Grundstücks.

2. Nicht liegt sie vor, so lange eine Rechtsänderung noch nicht eingetragen ist, die erst mit Hilfe des Eintrags zu stande kommt. Ist z. B. die Auflassung vor dem Grundbuchamt erklärt, verzögert aber der Beamte die Eintragung, so ist das Grundbuch immerhin richtig: die beabsichtigte Rechtsänderung ist noch nicht eingetreten, das Grundbuch steht mit der wirklich vorhandenen Rechtslage noch in vollem Einklang. Dies trifft z. B. auch zu, wenn eine Hypothek versehentlich mit einem geringeren Forderungsbetrag eingetragen ist, als sie der Eigentümer bewilligt hat. Über den umgekehrten Fall vgl. S. 36.

3. Nicht ist das Grundbuch unrichtig, wenn ein an sich nichtiger oder ein seinem Inhalt nach unzulässiger Bucheintrag vorliegt. Als an sich nichtig ist derjenige Bucheintrag zu betrachten, der seiner Fassung nach ungeeignet ist, rechtswirksame Beurkundung zu sein, so z. B. wenn bei einer Hypothek der Geldbetrag der Forderung nicht eingetragen ist (B.G.B. 1115).[1] Hierbei sei bemerkt, daß die Weglassung des Datums und der Unterschrift des Grundbuchbeamten keine Nichtigkeit begründet, da diese Vermerke nach G.B.O. § 45 nur eingetragen werden „sollen", nicht „müssen", und daß nach § 10 G.B.O. eine Eintragung nicht aus dem Grunde unwirksam ist, weil sie ein Beamter bewirkt hat, der von der Mitwirkung kraft Gesetzes oder in Folge einer Ablehnung ausgeschlossen ist. Inhaltlich unzulässig ist eine Eintragung dann, wenn sie einen Inhalt

[1] Nicht zutreffend ist es, wenn Endemann S. 76 Note 26 (und ebenso S. 90 Note 20) sagt: die Bucheintragung sei rechtlich nicht vorhanden, wenn dem Hypothekenbrief die nach G.B.O. 56 notwendigen Beziehungen fehlten. Diese Mängel des Briefes beeinträchtigen nicht den Bucheintrag und hindern daher nicht die Entstehung der Hypothek, sondern lediglich ihre Übertragung durch den Brief. Die Folge ist also, daß die Hypothek beim Eigentümer verbleibt.

2*

hat, der nach dem materiellen Recht einer Eintragung nicht gegeben werden kann, z. B. die Eintragung der Belastung eines Grundstücksbruchteiles, der nicht Anteil eines Miteigentümers ist, mit einer Hypothek oder Reallast (B.G.B. 1114. 1106), der Eintrag einer Verfügungsbeschränkung des Inhaltes, daß der Eigentümer sich dem Hypothekengläubiger gegenüber verpflichtet, das Grundstück nicht zu veräußern oder nicht weiter zu belasten (B.G.B. 1136).[1]

4. Nicht unerwähnt mag bleiben, daß natürlich das Grundbuch auch dann nicht unrichtig ist, wenn es über Verhältnisse keine Auskunft giebt, die aus ihm überhaupt nicht zu ersehen sind, wenn es z. B. nichts darüber sagt, daß der eingetragene Berechtigte in seiner Geschäftsfähigkeit beschränkt sei oder daß die Eigentümerin verheiratet ist und deshalb nicht ohne Zustimmung ihres Mannes über das Grundstück wirksam verfügen kann, oder wenn es über Verfügungsbeschränkungen schweigt, die im öffentlichen Interesse — nicht zum Schutze des Interesses bestimmter Personen — bestehen, wie dies z. B. bei landesrechtlichen Verboten der Zerteilung von Grundstücken der Fall ist.

5. Nicht ist endlich Unrichtigkeit des Grundbuchs der Zustand des überhaupt noch nicht oder noch nicht vollständig angelegten Grundbuchs.

§ 3. Die Entstehung der Unrichtigkeit.

Schon oben (S. 5) haben wir darauf hingewiesen, daß die Möglichkeit der Unrichtigkeit des Grundbuchs dadurch gegeben ist, daß das B.G.B. einerseits das Eintragungsprinzip nicht ausnahmslos durchgeführt und andererseits das Prinzip der sog. formalen Rechtskraft der Bucheinträge abgelehnt hat.[2] Damit ist bereits ausgesprochen, daß das Grundbuch auf zweifache Weise unrichtig werden kann:

1. entweder dadurch, daß auf grund außerbücherlicher Vorgänge Rechtsänderungen eintreten, ohne daß es dazu des Bucheintrags bedarf,

2. oder dadurch, daß ein Bucheintrag erfolgt, ohne daß die ihm entsprechende Rechtsänderung eintritt.

---

[1] Als „Berichtigung" faßt dagegen Biermann S. 45 (zu § 894) die von Amtswegen erfolgende Löschung einer inhaltlich unzulässigen Eintragung auf. Ebenso Endemann S. 244.

[2] Auch dann, wenn ein nicht mit übertragenes Recht gemäß § 47 G.B.O. als gelöscht zu gelten hat, tritt dadurch allein ein Erlöschen des Rechtes nicht ein; unrichtig Böhm S. 26 unter F.

A.

Wir fassen zunächst die erste Möglichkeit ins Auge. Soweit eine Rechtsänderung lediglich auf grund außerbücherlicher Thatsachen eintritt, wird dadurch das Grundbuch unrichtig, da dasselbe fortgesetzt noch die alte Rechtslage wiedergiebt, wie sie bis zum Eintritt jener rechtsverändernden Thatsachen bestand. Diese Unrichtigkeit dauert so lange fort, bis der der eingetretenen Rechtsänderung entsprechende Bucheintrag vorgenommen wird.

Um einen Überblick über die hier in Betracht kommenden Fälle zu gewinnen, müssen wir untersuchen, welchen außerbücherlichen Vorgängen unmittelbar rechtsändernde Wirkung zukommt; mit anderen Worten, wir haben zu prüfen, inwieweit in Ansehung der einzelnen für die Rechtsveränderung bedeutsamen Thatsachen das — im allgemeinen anerkannte — Eintragungsprinzip im neuen Recht durchbrochen ist.

I. Hinsichtlich der auf Rechtsänderungen abzielenden Privatwillenserklärungen, der privatrechtlichen Rechtsgeschäfte, hat es auf den ersten Blick den Anschein, als sei in dieser Beziehung das Eintragungsprinzip ausnahmslos zur Geltung gekommen. Für die Verträge bestimmt vor allem § 873 (vgl. außerdem §§ 877. 880. 1116. 1180 u. s. w.), für die einseitigen Rechtsgeschäfte § 875 (dazu §§ 928. 1168. 1109. 1132. 1188. 1195. 1196) B.G.B., daß zur Rechtsänderung außer den erforderlichen Willenserklärungen — den materiellen Faktoren — als gleichwertiger formaler Faktor die Eintragung der Rechtsänderung ins Grundbuch bezw. die Löschung nötig ist.[1] Das Eintragungsprinzip erleidet jedoch auch hinsichtlich der rechtsgeschäftlichen Veränderungen Ausnahmen.

1. Die wichtigste Ausnahme bildet die Briefhypothek. Bei ihr erfolgt die Abtretung der Forderung durch schriftliche Abtretungserklärung in Verbindung mit der Briefübergabe (§ 1154), und mit der Übertragung der Forderung geht nach § 1153 auch die Hypothek auf den neuen Gläubiger über, ohne daß die Eintragung ins

---

[1] Nicht richtig ist es, wenn Endemann S. 73 unter 3 sagt, es müßten sich drei Rechtsakte zum dinglichen Erwerb zusammenschließen: Einigung, Eintragsbewilligung und Eintragung. Die Eintragsbewilligung ist nur zur Ingangsetzung des formellen Mechanismus erforderlich, ist aber nicht auch rechtsbegründender Faktor. Die Rechtsänderung tritt ein, auch wenn es an einer ordnungsmäßigen Eintragsbewilligung fehlen sollte, wenn nur der Bucheintrag und die erforderliche Willenseinigung vorliegen. — Unrichtig ist es übrigens auch, wenn Endemann ebenda (unter a.) sagt, die Einigung komme regelmäßig zu stande durch die Beurkundung des dinglichen Vertrags. Die Einigung kommt zu stande durch die thatsächlich erklärte Willensübereinstimmung, durch die Beurkundung wird sie höchstens unwiderruflich.

Grundbuch erforderlich wäre. Die schriftliche Abtretungserklärung kann dadurch ersetzt werden, daß die Abtretung ins Grundbuch eingetragen wird; an sich ist der grundbücherliche Eintrag unnötig. Dasselbe gilt auch für die Verpfändung. Ebenso wie bei der Briefhypothek erfolgt auch bei der Grund- oder Rentenschuld, über welche ein Brief erteilt ist, die Abtretung durch die schriftliche Abtretungserklärung (welche durch die Eintragung der Abtretung ins Grundbuch ersetzt werden kann) in Verbindung mit der Übergabe des Briefes.

2. Die Übertragung der gemäß § 1187 B.G.B. für die Forderung aus einem Inhaber- oder Orderpapier bestellten Sicherungshypothek erfolgt nicht nach § 873 B.G.B., es geht vielmehr diese Hypothek ohne Bucheintrag mit der außerbücherlich erfolgenden Übertragung der Forderung auf den Erwerber derselben über. Nach § 1093 des zweiten Entwurfs sollte dieser Satz für die Sicherungshypothek überhaupt gelten, das B.G.B. hat ihn jedoch auf die des § 1187 beschränkt.[1]

3. Was die ein Recht an einem Grundstück belastenden Rechte anlangt, so ist nach § 873 B.G.B. nur zu ihrer Begründung der Bucheintrag erforderlich, von ihrer Übertragung schweigt § 873 ebenso wie § 875 von ihrer Aufhebung. Hieraus folgt, daß zur Übertragung einer durch ein Pfandrecht an einem eingetragenen Recht gesicherten Forderung ein grundbücherlicher Eintrag nicht erforderlich ist, vielmehr mit der außerbücherlich sich vollziehenden Forderungsübertragung gemäß §§ 401 Abs. 1, 1250 B.G.B. das Pfandrecht auf den neuen Gläubiger übergeht.[2] Ebenso erlischt sowohl das Pfandrecht wie der Nießbrauch gemäß §§ 1273, 1255; 1072, 1064 B.G.B. durch bloße Aufgabeerklärung gegenüber dem Inhaber des belasteten Rechtes oder gegenüber dem Verpfänder bezw. Nießbrauchbesteller.[3]

4. In diesem Zusammenhang sei auch der Bestellung eines Pfandrechts oder Nießbrauchs an einer Forderung gedacht, die auf Übertragung oder Einräumung eines Rechtes an einem Grundstück oder eines Rechtes an solchem Rechte gerichtet ist. Nach

---

[1] Es ist daher unrichtig, wenn Hachenburg, Vorträge S. 285, unterschiedslos behauptet, es könne außerbücherlich eine Sicherungshypothek mit der gesicherten Forderung mit der Wirkung „abgetreten" werden, daß dadurch das Grundbuch unrichtig werde. Soweit nicht die Hypothek des § 1187 in Frage kommt, ist die ohne Beobachtung der Vorschrift des § 873 B.G.B. erfolgte Abtretung dinglich wirkungslos und höchstens im stande, einen obligatorischen Anspruch auf ordnungsmäßige Übertragung zu begründen.

[2] So auch die Denkschrift zu § 25 Abs. 2 des Entw. der G.B.O.

[3] So auch Böhm S. 28.

den §§ 1075 Abs. 1, 1287 Satz 1 erwirbt nämlich im Falle der Leistung der Forderungsgläubiger den geleisteten Gegenstand, der Nießbraucher aber den Nießbrauch bezw. der Pfandgläubiger ein Pfandrecht an demselben; nach § 1287 Satz 2 erwirbt insbesondere derjenige, welchem die Forderung auf Übertragung des Eigentums an einem Grundstück verpfändet ist, mit der Leistung eine Sicherungshypothek. Der Erwerb des Nießbrauchs, sowie des Pfandrechts und der Sicherungshypothek an dem geleisteten Gegenstand vollzieht sich, da das Gesetz nicht ausdrücklich etwas anderes bestimmt, mit der Leistung. Es bedarf also zur Entstehung dieser Rechte an dem geleisteten Gegenstand nicht ihrer Eintragung im Grundbuch.[1] Auch hierin liegt eine Durchbrechung des Eintragungsprinzips.

II. Wenden wir uns nunmehr zu den auf Rechtsveränderungen abzielenden Verfügungen des Richters.

1. Was zunächst das richterliche Urteil anlangt, so interessiert in erster Linie das nach gemeinem wie auch nach sächsischem Recht konstitutiv wirkende Teilungsurteil. Die Motive (I. S. 369) lehnen dasselbe als unmittelbar rechtsschöpferisch wirkenden Akt ausdrücklich ab. Dem folgt auch das B.G.B. Nach den Bestimmungen über die Gemeinschaft (§§ 741 f.) kann der Teilhaber nur von dem Mitteilhaber Aufhebung der Gemeinschaft in der durch die §§ 752. 753 näher bestimmten Weise fordern. Der Richter kann den im Teilungsprozeß Verklagten nur verurteilen, die Aufhebung der Gemeinschaft gemäß §§ 752. 753 geschehen zu lassen, er kann nicht selbst im Urteil die Teilung und Zuteilung vornehmen. Auch das die eheliche Gütergemeinschaft aufhebende und insoweit konstitutiv wirkende Urteil des § 1470 B.G.B. führt nicht an sich die Teilung des gemeinschaftlichen Vermögens herbei: zu diesem Zweck hat erst noch die Auseinandersetzung zu erfolgen. Dem Urteil im Teilungsprozeß kommt somit nach dem B.G.B. keine andere Bedeutung zu, als dem auf Übertragung des Eigentums oder auf Bestellung, Übertragung oder Aufhebung eines anderen dinglichen Rechts gerichteten. Diese Urteile haben nicht unmittelbar rechtsbegründende Wirkung, sie verurteilen den Beklagten lediglich zur Rechtsbegründung, -Aufhebung, -Übertragung, und da diese Veränderungen mit Hilfe von Willenserklärungen zu bewirken sind, so verurteilt der Richter den Verpflichteten zur Abgabe der ihm obliegenden, auf die dingliche Rechtsänderung abzielenden Willenserklärung. Nach § 894 C.P.O. gilt die Erklärung als abgegeben, sobald das Urteil rechtskräftig geworden ist. Ob mit diesem Zeit-

[1] Ebenso Strecker S. 49. 53. 87 f.; a. M. Hachenburg, Vorträge S. 227 und Endemann S. 230. 232. 241.

punkt bereits die Rechtsänderung auf grund der abgegebenen Willenserklärung eintritt oder ob zu diesem Erfolg noch die Eintragung ins Grundbuch erforderlich ist, das hängt davon ab, welche Wirkungen der durch das Urteil erzwungenen Willenserklärung an sich zukommen, wie sich dies aus dem unter I. Ausgeführten ergiebt. Während also z. B. auf die rechtskräftige Verurteilung zur Bestellung einer Hypothek zu deren Entstehung noch die Eintragung ins Grundbuch folgen muß, geht mit der Rechtskraft der Verurteilung zur Übertragung einer mit einem Pfandrecht an einer Hypothek ausgestatteten Forderung die letztere mit dem Pfandrecht ohne Bucheintrag auf den Kläger über.

Eine andere Wirkung kommt den im Aufgebotsverfahren ergehenden Ausschlußurteilen zu. Diese wollen nicht zur Bewirkung von Rechtsveränderungen verurteilen, sondern selbst verändernd wirken durch Ausschluß eines Berechtigten.

a. Nach den §§ 887. 1104. 1112. 1170. 1171. 1273 jct. 1269 B.G.B. tritt unmittelbar mit dem Erlaß des Ausschlußurteils das Erlöschen der Vormerkungswirkung, des Vorkaufsrechtes, der Reallast, ferner der Hypothekenerwerb durch den Eigentümer, die fingierte Befriedigung des Gläubigers, das Erlöschen des Pfandrechts am eingetragenen Rechte ein.

b. Nach § 927 Abs. 2 erlangt derjenige, welcher das Ausschlußurteil erwirkt hat, das Eigentum dadurch, daß er sich als Eigentümer ins Grundbuch eintragen läßt.

Während also im Falle des § 927 das Eintragungsprinzip gewahrt ist, ist es in sämtlichen übrigen Fällen des Ausschlußurteils durchbrochen. Die Unterscheidung ist gerechtfertigt, denn in den Fällen unter a. handelt es sich lediglich um den Ausschluß des eingetragenen Berechtigten, im Falle des § 927 auch um den Erwerb des Eigentums durch den Antragssteller.

2. Von den Akten der Zwangsvollstreckung und des Arrestverfahrens, zu denen wir nunmehr übergehen, hat uns oben schon die Vollstreckung desjenigen Urteils beschäftigt, das auf eine der Veränderung grundbücherlicher Rechte dienende Willenserklärung gerichtet ist. Ist der Schuldner zur Bestellung, Abtretung oder Belastung einer Briefhypothek verurteilt, so muß auch die zu diesen Rechtsänderungen erforderliche Briefübergabe erwirkt werden. Sie gilt nach C.P.O. 897 als erfolgt, wenn der Gerichtsvollzieher den Brief zum Zwecke der Ablieferung an den Gläubiger wegnimmt. Mit dieser Wegnahme auf grund des rechtskräftigen Urteils tritt in diesen Fällen die bezweckte Rechtsänderung ein, ohne daß ein Bucheintrag erforderlich wäre.

Wir kommen weiter zu den Fällen, wo ein Grundstück oder ein im Grundbuch eingetragenes Recht als Objekt für die Befriedigung einer Geldforderung oder für eine Arrestvollziehung in Frage kommt.

a. Nach § 866 C.P.O. soll die Zwangsvollstreckung in Grundstücke und ihnen gleich zu behandelnde Rechte durch Eintragung einer Sicherungshypothek für die Forderung, durch Zwangsversteigerung und Zwangsverwaltung, die Vollziehung des Arrestes aber nach § 932 C.P.O. nur durch die erstgedachte Maßregel erfolgen.

α. Die Sicherungshypothek entsteht zufolge §§ 867. 932 mit der Eintragung, die der Gläubiger auf grund des vollstreckbaren Titels bezw. des Arrestbefehls unmittelbar beim Grundbuchamt zu beantragen hat.

β. Im Zwangsversteigerungs- und Zwangsverwaltungsverfahren tritt die beschlagnehmende, veräußerungsverbotartige Wirkung des die Zwangsversteigerung oder -Verwaltung anordnenden vollstreckungsgerichtlichen Beschlusses nach §§ 22. 146 Z.V.G. mit der Zustellung des Beschlusses an den Schuldner ein, auch wenn der Versteigerungsbezw. Verwaltungsvermerk in diesem Zeitpunkte noch nicht eingetragen ist: der Dritte, welcher von diesem Beschlusse Kenntnis hat und gleichwohl das Grundstück aufgelassen erhält, noch bevor das Ersuchen um die Eintragung des Vermerkes dem Grundbuchamt zugegangen ist, muß die erfolgte Beschlagnahme gegen sich gelten lassen: Er weiß, daß das Grundbuch unrichtig ist, insoweit es den Eigentümer noch als unbeschränkt in seiner Verfügungsfähigkeit erkennen läßt.

Durch den Zuschlag — d. h. mit seiner Verkündung — wird nach §§ 89—91 Z.V.G. der Ersteher Eigentümer des Grundstücks und es erlöschen die dasselbe belastenden Rechte, soweit sie nicht nach den Versteigerungsbedingungen oder den gemäß § 91 Abs. 2 getroffenen besonderen Vereinbarungen bestehen bleiben sollen. Diese Wirkungen, die übrigens resolutiv bedingt sind durch die im Beschwerdeweg mögliche Aufhebung des den Zuschlag erteilenden Beschlusses, hat der Zuschlag aus eigener Kraft, ohne daß es des Hinzutretens der grundbücherlichen Eintragung bedürfte. Mit dem Zuschlag wird der aus dem Grundbuch ersichtliche Eigentümereintrag unrichtig. Das Gesetz spricht daher zutreffend von der „Berichtigung" des Grundbuchs (§ 91). Die Befriedigung des Betreibenden im Zwangsverwaltungsverfahren bringt gleichfalls unmittelbar gemäß § 1181 B.G.B. die Hypothek zum Erlöschen. Dagegen kommen die in § 128 Z.V.G. begründeten Sicherungshypotheken für die Forderungen gegen den Ersteher aus dem nicht berichtigten Bargebot erst mit der Eintragung zur Entstehung.

b. Die Zwangsvollstreckung und die Arrestvollziehung in die zum beweglichen Vermögen gehörigen grundbücherlichen Rechte erfolgt durch Pfändung.

Nach §§ 830 Abs. 1, 837 Abs. 1 und 857 Abs. 6 C.P.O. wird die Pfändung einer Forderung, für die eine Hypothek besteht, einer Grund- oder Rentenschuld, soweit die Brieferteilung ausgeschlossen ist, sowie einer Reallast nicht schon durch die Zustellung des Pfändungsbeschlusses bewirkt, wenn sie auch mit der Zustellung an den Drittschuldner diesem gegenüber als bewirkt gilt, sondern es muß zum Pfändungsbeschluß noch die Eintragung der Pfändung ins Grundbuch hinzukommen. Zur Überweisung genügt alsdann die Aushändigung des Überweisungsbeschlusses an den Gläubiger, doch ist zur Überweisung an Zahlungsstatt auch noch deren Eintragung erforderlich.

Soweit für die Hypothek, Grund- oder Rentenschuld ein Brief erteilt ist, wird zur Pfändung nicht eine grundbücherliche Eintragung, sondern nur außer dem Pfändungsbeschluß noch die Übergabe des Briefes an den Gläubiger (ev. dessen zwangsweise Wegnahme durch den Gerichtsvollzieher) erfordert. Zur Überweisung, auch wenn sie an Zahlungsstatt erfolgen soll, braucht dann nur noch die Aushändigung des Überweisungsbeschlusses an den Gläubiger zu treten. Auch hier also vollziehen sich die Rechtsänderungen, wie überhaupt bei der Briefhypothek, außerhalb des Grundbuchs.

Die Pfändung und Überweisung einer Forderung schließlich, für die ein Pfandrecht an einem grundbücherlich eingetragenen Rechte besteht, ergreift jenes Pfandrecht gleichfalls, ohne daß es dazu eines Bucheintrags bedürfte.

c. Erwähnt sei hier noch, daß die Pfändung des Anspruchs auf Übertragung des Eigentums an einem Grundstück nach § 848 Abs. 2 C.P.O. die Wirkung hat, daß die Auflassung an den Sequester als Vertreter des Schuldners zu erfolgen hat. Mit dem Übergang des Eigentums auf den Schuldner, also in der Regel mit dessen Eintragung, erlangt der Gläubiger für seine Forderung eine Sicherungshypothek. Diese entsteht mit dem Moment des Eigentumserwerbs durch den Schuldner, ohne daß dazu ihre Eintragung erforderlich wäre. Ihre nachträgliche Eintragung, welche der Sequester zu bewilligen hat, ist ein Akt der Berichtigung des Grundbuchs, wie dies auch die Begründung des Gesetzes betr. Änderungen der C.P.O. vom 17. Mai 1898 richtig hervorhebt.

Entsprechend wird zu sagen sein, daß die Pfändung eines auf Einräumung oder Übertragung eines begrenzten dinglichen Rechtes am Grundstück gerichteten Anspruchs die Wirkung hat, daß mit der Leistung der Pfändungsgläubiger ein Pfandrecht an dem bestellten oder übertragenen Rechte erwirbt.

III. Da Artikel 109 des Einführungsgesetzes zum B.G.B. die Bestimmungen über die Enteignung der Landesgesetzgebung überläßt, so entscheidet auch das Landesrecht darüber, ob es zur Bewirkung der Enteignung ihrer Eintragung im Grundbuch bedarf oder ob sie bereits mit dem Erlaß des Enteignungsbeschlusses zu stande kommt. Das sächsische Ausführungsgesetz vom 18. Juni 1898 entscheidet in § 18 im letzteren Sinne. Mit dem Erlaß des Enteignungsbeschlusses wird die Enteignung also wirksam, mit diesem Zeitpunkte auch das Grundbuch unrichtig. Es ist — wie das Gesetz selbst sagt — auf Ersuchen zu berichtigen.

IV. Wir gehen zu den für die Veränderungen der Rechte bedeutsamen familien- und erbrechtlichen Thatbeständen über. Die Eheschließung bewirkt nach gesetzlichem Güterrecht (§ 1363 B.G.B.) die Unterwerfung des Frauenvermögens unter die Verwaltung und Nutznießung des Mannes, ohne daß dies ins Grundbuch eingetragen werden müßte oder auch nur könnte: es liegt insoweit, wie schon oben S. 20 hervorgehoben wurde, keine Unrichtigkeit des Grundbuchs vor. Bei der vertragsmäßigen Regelung der güterrechtlichen Verhältnisse unter den Ehegatten nach den §§ 1438. 1519. 1549 werden die betreffenden das Vermögen jedes der beiden Gatten ausmachenden Rechte durch den Vertrag unmittelbar gemeinschaftlich, es findet also ein teilweiser Rechtsübergang statt, ohne daß es einer besonderen rechtsgeschäftlichen Übertragung der einzelnen Gegenstände bedürfte. Nach § 1438 Abs. 3 ist die nachträgliche Verlautbarung dieser Vergemeinschaftlichung eine Berichtigung des durch den Abschluß des Ehevertrages unrichtig gewordenen Grundbuchs.

Mit dem Erbfall geht die Erbschaft ohne Unterbrechung als Ganzes auf den Erben über. Hieraus folgt, daß es zum Erwerb der im Grundbuch eingetragenen Rechte durch den Erben nicht seiner Eintragung bedarf. Dies gilt ebensowohl für den gesetzlichen Erben wie für den durch Erbvertrag oder Testament berufenen, nicht nur beim eigentlichen Erbfall (§ 1942), sondern auch beim Eintritt der Nacherbfolge (§§ 2139. 2103—2105). Das Vermächtnis begründet lediglich ein Forderungsrecht des Vermächtnisnehmers gegen den Beschwerten und verschafft dem Ersteren nie unmittelbar den Vermächtnisgegenstand: es giebt kein Vindikationslegat. Derjenige also, dem ein Grundstück oder ein im Grundbuch eingetragenes Recht vermacht ist, kann von dem Beschwerten lediglich die Auflassung bezw. die Übertragung oder Einräumung des Rechtes verlangen. Er erwirbt alsdann das ihm vermachte Recht nach Maßgabe des oben unter I. Ausgeführten.

V. Die allgemein wirkenden Faktoren Bedingung und Zeitablauf machen sich, soweit sie überhaupt dinglich wirken und nicht etwa lediglich einen obligatorischen Anspruch auf Rechtsänderung begründen sollen, unmittelbar mit ihrem Eintritt geltend, ohne daß alsdann noch ein besonderer Eintrag nötig wäre.[1]

Ist ein Recht auf bestimmte Zeit oder unter Festsetzung einer Resolutivbedingung bestellt, so erlischt es ohne weiteres in dem Moment des Zeitablaufs, des Eintrittes der Bedingung. Daran wird durch die Thatsache nichts geändert, daß nach G.B.O. 23. 24 ein zeitlich beschränktes Recht in gewissen Fällen nur mit Bewilligung des Rechtsnachfolgers bezw. des bisherigen Berechtigten gelöscht werden soll, falls Rückstände von Leistungen nicht ausgeschlossen sind. Das dingliche Recht ist in diesen Fällen erloschen, es bestehen nur noch unbefriedigte Ansprüche aus demselben.

In anderer Richtung ist der Zeitablauf für die Frage der Ersitzung und Verjährung bedeutsam. Das B.G.B. kennt einerseits die Tabularersitzung des § 900, den Rechtserwerb auf grund dreißigjährigen Bestehens des entsprechenden Eintrags in Verbindung mit dem entsprechenden thatsächlichen Zustand, andererseits den Untergang des unrichtigerweise gelöschten oder nicht eingetragenen Rechtes auf grund der Verjährung des Anspruchs gegen den Eigentümer (§ 901). In beiden Fällen, auf die wir übrigens noch anderweit zurückkommen, ist bereits derjenige Buchstand vorhanden, welcher der durch die Ersitzung bezw. die erlöschende Verjährung herbeigeführten Rechtsänderung entspricht.

Trotz bestehender Eintragung läßt § 1028 B.G.B. den Anspruch aus einer Grunddienstbarkeit auf Beseitigung einer beeinträchtigenden Anlage auf dem belasteten Grundstück verjähren und mit der Verjährung die Dienstbarkeit insoweit erlöschen, als der Bestand der Anlage mit ihr in Widerspruch steht. Mit dem Erlöschen der Dienstbarkeit wird das Grundbuch unrichtig; es ist aber in dieser Beziehung ein Eingreifen des Vertrauensprinzips auf grund des § 892 ausdrücklich ausgeschlossen.

VI. Die Vereinigung eines beschränkten Rechtes an einem Grundstück mit dem Eigentum in einer Person hat nach der ausdrücklichen Bestimmung des § 889 B.G.B. nicht das Erlöschen des

---

[1] Wenn Böhm S. 26 unter F. bemerkt, der Eintritt des für ein dingliches Recht festgesetzten Endtermins oder der Resolutivbedingung könne nur einen obligatorischen Anspruch auf Löschung begründen, so ist das unrichtig. Wenn z. B. im Grundbuch eingetragen ist, daß dem A der Nießbrauch bis zum 31. Dezember 1910 zusteht, so erlischt eben der Nießbrauch unmittelbar mit diesem Tage. — Zu beachten ist aber, daß die Auflassung nach § 925 nicht unter einer Bedingung oder Zeitbestimmung erfolgen kann.

Rechtes zur Folge. Jedoch erlischt nach § 1178 Abs. 1 die Hypothek für die Rückstände von Zinsen und anderen Nebenleistungen, sowie für die zu erstattenden Kosten durch dieses Zusammentreffen (falls allerdings einem Dritten ein Recht an dem Anspruch auf solche Leistungen zusteht, nur mit dessen Zustimmung), und dasselbe muß gemäß §§ 1107. 1200 auch rücksichtlich der rückständigen Leistungen bei einer Reallast oder Rentenschuld gelten. Vereinigt sich ein beschränktes Recht am Grundstück mit dem dieses Recht belastenden Nießbrauch oder Pfandrecht in derselben Person, so erlischt nach §§ 1063. 1068. 1072. 1256. 1273 der Nießbrauch oder das Pfandrecht; letzteres jedoch solange nicht, als die durch das Pfandrecht gesicherte Forderung ihrerseits mit dem Rechte eines Dritten belastet ist. Pfandrecht wie Nießbrauch gelten ferner als nicht erloschen, soweit der Inhaber des belasteten Rechtes ein rechtliches Interesse an ihrem Fortbestehen hat.

Insoweit nach Vorstehendem das belastende Recht erlischt, geschieht dies, ohne daß es dazu eines Eintrags (der Löschung des Rechtes) im Grundbuch bedürfte.

VII. Eine besondere Betrachtung erfordern noch gewisse Thatbestände, die hinsichtlich der Hypothek Änderungen der Rechtslage herbeiführen, ohne daß der Eintritt dieser Änderungen vom Eintrag ins Grundbuch abhängig wäre.

1. Nach § 1181 erlischt die Hypothek mit der Befriedigung aus ihrem Gegenstand.

2. Derjenige, aus dessen Vermögen der Gläubiger befriedigt wird, erwirbt regelmäßig die Hypothek, wenn und soweit er

a. entweder vom Eigentümer bezw. dessen Rechtsvorgänger Ersatz verlangen kann (so der persönliche Schuldner §§ 1164. 1174; der Eigentümer eines für eine Gesamthypothek haftenden Grundstücks § 1173 Abs. 2, 1182),

b. oder die Forderung gegen den persönlichen Schuldner erwirbt (so der Eigentümer, der nicht zugleich persönlicher Schuldner ist, § 1143, der Bürge § 774, der mithaftende Gesamtschuldner § 426 Abs. 2, derjenige, welcher gemäß § 268 den Gläubiger befriedigt). Nach § 412 jct. 401 geht mit der Forderung auch die Hypothek über. Das B.G.B. spricht daher auch in den §§ 1144, 1145, 1167 ausdrücklich von einer Berichtigung des Grundbuchs.

3. Der Eigentümer hat gewissermaßen eine gesetzliche Anwartschaft auf die Hypothek. Er erwirbt sie grundsätzlich in allen Fällen, wo sie der Gläubiger verliert (oder von Anfang an nicht erwirbt), ohne daß ein Erlöschen der Hypothek (oben 1.) oder ihr Erwerb durch einen Anderen (oben 2.) eintritt. So fällt die Hypothek dem Eigentümer zu, wenn die Forderung, für die sie bestellt

ist, nicht zur Entstehung gelangt oder erloschen ist; insbesondere erwirbt er sie dann, wenn er selbst als persönlicher Schuldner zahlt, §§ 1163. 1172 Abs. 1. Die Hypothek, über welche ein Brief erteilt ist, steht ihm bis zur Übergabe des Briefes an den Gläubiger zu, § 1163 Abs. 2. Er erwirbt die im Zwangsvollstreckungsverfahren eingetragene Sicherungshypothek in den aus § 868 C.P.O. sich ergebenden Fällen.

Der Eigentümer erwirbt ferner die Hypothek mit dem Verzicht des Gläubigers (§ 1168), der allerdings der Eintragung bedarf, und mit dem Erlaß des Ausschlußurteils gegen den unbekannten Gläubiger (§§ 1170. 1171). Nach § 418 Satz 2 steht dem Verzicht des Gläubigers die ohne Einwilligung des Eigentümers erfolgende Schuldübernahme gleich. Hierbei kann fraglich sein, ob der Übergang der Hypothek entsprechend der Vorschrift des § 1168 Abs. 2 eine Eintragung ins Grundbuch voraussetzt oder ob er ohne weiteres mit der Perfektion der Schuldübernahme eintritt. Das letztere dürfte dem Willen des Gesetzgebers entsprechen, da die in § 418 ausgesprochenen Wirkungen lediglich die Folge davon sind, daß an Stelle des bisherigen Schuldners ein anderer tritt, ohne daß dazu der Bürge oder Eigentümer seine Einwilligung giebt.[1]

4. Eine Ausnahme von dem unter 3. ausgesprochenen Grundsatz tritt insbesondere bei der Gesamthypothek ein. Diese nämlich erlischt — und zwar ohne daß dazu die grundbücherliche Löschung nötig wäre —

a. wenn der persönliche Schuldner den Gläubiger befriedigt und nur von dem Eigentümer eines der Grundstücke (bezw. dessen Rechtsvorgänger) Ersatz fordern kann, nach § 1174 hinsichtlich der übrigen mithaftenden Grundstücke;

b. wenn der Eigentümer eines der Grundstücke den Gläubiger befriedigt, nach § 1173 hinsichtlich der diesem Eigentümer nicht gehörigen übrigen mithaftenden Grundstücke, soweit nicht der Befriedigende auf grund eines Ersatzanspruchs gegen den Eigentümer eines der übrigen Grundstücke (bezw. dessen Rechtsvorgänger) an diesem die Hypothek erwirbt;

c. wenn aus einem der Grundstücke der Gläubiger befriedigt wird, nach § 1181 Abs. 2 auch hinsichtlich der übrigen Grundstücke, soweit nicht nach § 1182 der Eigentümer des Grundstücks, aus welchem der Gläubiger befriedigt wurde, auf grund eines Ersatzanspruchs gegen den Eigentümer eines der übrigen Grundstücke (bezw. dessen Rechtsvorgänger) an diesem die Hypothek erwirbt.

---

[1] So auch **Hachenburg**, Vorträge, S. 237.

5. Während, wie wir unter 3. sahen, nach § 1163 die Hypothek dem Eigentümer zusteht, wenn die Forderung nicht zur Entstehung gelangt ist, hat es die zweite Kommission (vgl. Prot. III. S. 603 ff.) als angebliche Überspannung des Prinzips der Eigentümerhypothek abgelehnt, dem Eigentümer die Hypothek oder doch das Recht, an deren Stelle eine andere Hypothek eintragen zu lassen, oder auch nur das Recht eines Rangvorbehaltes in dem Falle zuzubilligen, wenn ein unwirksamer[1] Hypothekeneintrag vorliegt, weil der dingliche Hypothekenbestellungsvertrag an einem Mangel litt. Es ist infolge dessen auch eine den gestellten Anträgen entsprechende Bestimmung ins B.G.B. nicht aufgenommen worden. In der Litteratur wird auch fast durchgehends hervorgehoben, daß der § 1163 die wirksame Entstehung der Hypothek voraussetze.[2] Dagegen weist Dernburg (S. 603 ff.) mit Recht auf die Inkonsequenzen hin, welche sich in der Behandlung der Nachhypothekare, sowie in dem Verhältnis der Grundschuld zur Hypothek daraus ergeben, daß bei Nichtigkeit der Forderung eine Eigentümerhypothek angenommen, bei Nichtigkeit der Hypothekenbestellung aber die Möglichkeit einer solchen ausgeschlossen wird. Er empfiehlt daher der Praxis, auch in diesem Falle ein Einrücken des Eigentümers im Wege der Analogie anzunehmen.

Ich glaube, daß den Erwägungen Dernburg's durchaus beizutreten ist. Meines Erachtens ist die Möglichkeit der Eigentümerhypothek in den hier interessierenden Fällen — trotz der entgegenstehenden Ansicht der Redaktoren — bereits durch die Bestimmungen des Gesetzbuchs gegeben und es bedarf nicht der Schaffung neuer Rechtssätze im Wege der Analogie.

Allerdings wird man nicht sagen können, daß der auf nichtiger Hypothekenbestellung beruhende Eintrag stets ohne weiteres den Erwerb der Hypothek durch den Eigentümer begründe. Denn daran ist natürlich festzuhalten, daß sich die Eintragung, der formelle Faktor, mit dem außerbücherlichen materiellen Faktor verbinden muß, um überhaupt eine Hypothek zur Entstehung zu bringen.

Mit Rücksicht auf die Bestimmungen des B.G.B. über den Erwerb der Hypothek durch den Eigentümer ist zu sagen, daß in jeder Hypothekenbestellung zugleich die Bestellung einer eventuell zur Geltung kommenden Eigentümerhypothek implizite enthalten ist. Infolge dessen ist auch in jedem Hypothekeneintrag, mag er auch für einen Anderen lauten, dieses Recht des Eigentümers als mit

---

[1] Unwirksam in dem unten S. 34 dargelegten Sinne.

[2] Vgl. z. B. Grützmann im Sächs. Archiv, Bd. VIII. S. 270. 280. Hachenburg, Beiträge S. 15 ff., Vorträge S. 251. Böhm, S. 238 u. a.

eingetragen anzusehen. Die Eigentümerhypothek[1] ist nun von der Eigentümergrundschuld nur durch den Namen, nicht jedoch begrifflich unterschieden. Zur Begründung der Eigentümergrundschuld aber erfordert § 1196 Abs. 2 B.G.B. zweierlei:

1. die Eintragung,

2. die (ihr in der Regel vorausgehende) Willenserklärung des Eigentümers gegenüber dem Grundbuchamt, daß die Grundschuld für ihn eingetragen werden soll, d. h., daß sie für ihn bestehen soll.

Liegt nun ein unwirksamer Hypothekeneintrag vor, so gestaltet sich der Erwerb einer Eigentümerhypothek durch den Eigentümer sehr einfach:

1. die zum Erwerb erforderliche Eintragung ist durch den Eintrag der (allerdings auf den Namen des Gläubigers lautenden, für diesen nicht zur Entstehung gekommenen) Hypothek gegeben.

2. Zu dieser Eintragung braucht nur noch als materieller Faktor die auf die Entstehung der Eigentümerhypothek gerichtete Willenserklärung des Eigentümers hinzuzutreten:

a. diese Bestellungserklärung kann von vornherein in giltiger Weise vorliegen, nämlich in Gestalt der dem Grundbuchamt eingereichten giltigen Eintragsbewilligung des Eigentümers, wenn also der Mangel des dinglichen Hypothekenbestellungsvertrags darin beruhte, daß die zur Einigung des § 873 erforderliche Willenserklärung des Gläubigers in wirksamer Weise fehlte, während die Bestellungserklärung des Eigentümers wirksam vorlag. Der Wille, einem Anderen eine Hypothek zu bestellen, schließt rechtsnotwendig auch den Willen ein, die in der Hypothek enthaltene Eigentümergrundschuld zu erwerben. — Hier ist also die Hypothek unmittelbar mit der Eintragung auf grund der giltigen Eintragsbewilligung des Eigentümers als Eigentümerhypothek wirksam entstanden.

b. Ist der auf die Bestellung der Hypothek gerichtete dingliche Vertrag deshalb nicht zu stande gekommen, weil es an der wirksamen Willenserklärung des Eigentümers fehlte, oder ist z. B. die Hypothek rein durch ein Versehen des Grundbuchbeamten eingetragen worden, so ist zunächst weder eine Hypothek für den Gläubiger, noch eine Eigentümerhypothek entstanden. Sowie aber der Eigentümer dem Grundbuchamt gegenüber die Erklärung abgiebt, daß er die eingetragene Hypothek als Eigentümerhypothek erwerben wolle, bringt er sie als solche zur Entstehung. Daß Rechte erst nach der Eintragung mit dem Hinzutritt des erforderlichen materiellen Faktors entstehen, ist nichts Befremdendes. Das Gesetzbuch weist auf diese Möglichkeit selbst in § 879 Abs. 2 hin. Der Rang des

[1] Im engeren Sinne, d. h. als solche ohne Forderung.

Rechts wird durch die Eintragung bestimmt; das ist Nachhypothekaren gegenüber von Bedeutung, welche eingetragen wurden, ehe die Eigentümerhypothek wirksam zur Entstehung kam. —

Das einzige Bedenken, welches gegen die soeben dargelegte Auffassung vorgebracht werden könnte, kann darin gründen, daß der Eintrag für den Erwerb des Rechts durch den Eigentümer benutzt wird, obwohl er nicht für ihn, sondern für einen Anderen lautet. Trifft aber nicht dasselbe in dem Falle zu, wenn der Eigentümer das als Hypothek für einen Anderen eingetragene Recht von vornherein als Eigentümerhypothek erwirbt, weil die Forderung nicht entstanden ist?

Von unserem Standpunkt aus gewinnt man auch die richtige Beurteilung des soeben erwähnten Falles des § 1163. Man wird dem Wesen der Sache nicht gerecht, wenn man hier annimmt, daß auf grund des Hypothekenbestellungsvertrages und der Eintragung die Hypothek begrifflich zunächst als dem eingetragenen Gläubiger zustehend entstehe und alsdann sofort wieder auf den Eigentümer übergehe, weil die Forderung nicht entstanden ist. Dieser begriffliche Umweg über den eingetragenen Gläubiger ist unnötig. Die Hypothek entsteht als Eigentümerhypothek, weil es an demjenigen Momente fehlt, welches dem Gläubiger die Hypothek zuwendet, ihn für dieselbe aktiv legitimiert, während diejenigen Momente vorhanden sind, welche das Recht der Eigentümergrundschuld zur Entstehung kommen lassen: die Eintragung und die Willenserklärung des Eigentümers.

Man gelangt übrigens zu denselben Ergebnissen von der von Hachenburg vertretenen Auffassung aus, derzufolge die Eigentümerhypothek als eine nicht zur vollen Entwicklung gediehene Hypothek, nämlich als eine solche anzusehen ist, bei der zwar die passive Seite, die Gebundenheit des Grundstücks, vorhanden ist, aber die aktive Seite fehlt. Die passive Seite wird — wie § 1196 zeigt — begründet, abgesehen von der Eintragung, lediglich durch die Erklärung des Eigentümers, daß das Recht auf Zahlung einer Geldsumme aus seinem Grundstück an demselben bestehen solle. Die Erklärung des Gläubigers, daß er die Hypothek haben wolle, ist nur zur Begründung der aktiven Seite nötig, für welche außerdem das Vorhandensein der Forderung des Gläubigers erfordert wird. Fehlt es an den zur Begründung der aktiven Seite nötigen Erfordernissen, so entsteht das Recht eben lediglich mit seiner passiven Seite: als Eigentümerhypothek.

B.

Nachdem wir diejenigen Fälle kennen gelernt haben, in denen außerbücherliche Vorgänge ohne Hinzutritt eines Bucheintrags eine Rechtsänderung bewirken, wenden wir uns dem anderen Entstehungsgrunde der Unrichtigkeit des Grundbuchs, dem unwirksamen Bucheintrage, zu. Von einem „unwirksamen" Bucheintrag können wir freilich nur cum grano salis reden. „Wirksam" sein, Rechtswirkungen hervorbringen soll der Bucheintrag dort, wo die außerbücherlichen materiellen Faktoren an sich noch nicht genügen, um die Rechtsänderung herbeizuführen, wo also das Eintragungsprinzip durchgeführt ist. In diesen Fällen kommt dem Bucheintrag mit konstituierende Wirkung zu. Nicht eigentlich können wir dagegen von „Wirksamkeit" und entsprechend von „Unwirksamkeit" des Bucheintrages reden, wo die Rechtsänderung an sich schon durch die außerbücherlichen Thatsachen bewirkt wird und der Bucheintrag lediglich die schon erfolgte Rechtsänderung verlautbaren soll, also rein deklarative Bedeutung hat. Der Kürze halber wollen wir in beiden Fällen von der Unwirksamkeit des Bucheintrages reden und somit den Bucheintrag als unwirksam bezeichnen, wenn die materiellen Faktoren fehlen, die entweder mit dem Eintrag zusammen oder selbständig ohne denselben die dem Eintrag entsprechende Rechtsänderung bewirken sollen.

Die Möglichkeit eines solchen unwirksamen Eintrags ist umsomehr gegeben, als das Grundbuchamt meist gar nicht in der Lage ist, die materiellen Faktoren auf ihre Wirksamkeit hin zu prüfen. Denn im allgemeinen gilt der das formelle Konsensprinzip zum Ausdruck bringende § 19 G.B.O., demzufolge die einzig erforderliche und genügende Grundlage des Bucheintrags die Bewilligung des durch denselben in seinem Rechte Betroffenen ist.[1] Eine Prüfung der materiellen Faktoren nimmt das Grundbuchamt im wesentlichen nur vor bei der Auflassung und den ihr gleichstehenden Akten (G.B.O. 20), ferner, wenn gewisse gerichtliche Verfügungen — man denke an das Ausschlußurteil, den Pfändungsbeschluß, die einstweilige Verfügung — die Eintragsgrundlage bilden, endlich wenn die Unrichtigkeit des Grundbuchs gemäß § 22 Abs. 1 G.B.O. nachgewiesen wird. Ersucht gemäß § 39 G.B.O. eine hierzu befugte Behörde um Eintragung, so hat das Grundbuchamt sich in eine Prüfung der materiellen Unterlagen, die es meist gar nicht zu

[1] Nach § 21 G.B.O. bleibt sogar das in § 876 Satz 2 B.G.B. aufgestellte Erfordernis für die materielle Rechtsänderung unter Umständen gänzlich unberücksichtigt.

Gesicht bekommt, in keiner Weise einzulassen, sondern lediglich auf grund des Ersuchens einzutragen. So kann es sehr wohl vorkommen, daß bei einem Eintrag die materiell wirksamen Faktoren fehlen.

Soweit diese in rechtsgeschäftlichen Willenserklärungen bestehen, können diese trotz Vorliegens einer vorschriftsmäßigen Eintragsbewilligung nichtig (B.G.B. 105. 116. 117. 118. 134. 138), unwirksam (106 ff. 1395 ff. 1444 ff. 2077. 135. 136) oder anfechtbar sein. Die Anfechtbarkeit kommt hierbei nur insoweit in Betracht, als die nachträglich erfolgende Anfechtung bewirkt, daß das angefochtene Rechtsgeschäft als von anfang an nichtig angesehen wird, wie dies nach § 142 für die im B.G.B. geregelten Fälle gilt (vgl. insbes. §§ 119. 120. 123. 1954 ff. 2308. 2078. 2079. 2281. 2340 ff.). Nicht jedoch gehören hierher die Fälle des Reichsanfechtungsgesetzes vom 21. Juli 1879 und der Konkursordnung (1. Buch, 3. Titel), in denen die Anfechtung nicht die Nichtigkeit des angefochtenen Geschäfts, sondern nur einen obligatorischen Anspruch gegen den Empfänger oder Dritten auf Rückgewähr des Empfangenen bezw. der Bereicherung begründet.

Auch die richterliche Verfügung, welche die Grundlage eines endgiltigen Bucheintrags bildet, kann, obzwar sie in völlig korrekter Form beigebracht ist, doch an einem inneren Mangel leiden. Wird das Ausschlußurteil nach C.P.O. 957 mit der Klage angefochten und daraufhin durch ein neues Urteil aufgehoben, so wird dadurch nicht etwa eine Verpflichtung zur Rückgewährung einer grundlos empfangenen Leistung begründet (wie dies bei der Aufhebung eines gemäß § 894 C.P.O. verurteilenden Erkenntnisses im Wiederaufnahmeverfahren allerdings der Fall ist), denn es ist nichts „geleistet" worden, sondern es wird der in dem Urteil enthaltene Ausspruch des Ausschlusses und damit der Eintritt der auf grund des Urteils eingetragenen Rechtsänderung einfach negiert: das aufhebende Urteil wird so zum Beweismittel der Unrichtigkeit der auf grund des aufgehobenen Urteils bewirkten Eintragung.

Es können weiterhin die Unterlagen, welche dem Grundbuchamt bei Bewirkung des Eintrags vorliegen, gleichviel ob sie materiell wirkende Faktoren nachweisen oder nur formelle Eintragsgrundlage sein sollen, unecht sein (z. B. die Urkunden sind gefälscht; an Stelle des wirklich Berechtigten A tritt der B vors Grundbuchamt, giebt sich fälschlicherweise für jenen aus und bewilligt dem C dessen Eintragung) oder auch, obwohl sie echt sind, einen den wirklichen Rechtsverhältnissen nicht entsprechenden Inhalt haben (der Erbschein benennt unrichtigerweise den A statt des wirklich Berechtigten B als den Erben; es wird die Rechtskraft eines Urteils bescheinigt, das noch der Berufung unterliegt und in der Berufungsinstanz alsdann thatsächlich abgeändert wird.

Endlich ist der Fall doch denkbar, wenn er auch in Wirklichkeit nicht allzu häufig vorkommen wird, daß ein Grundbuchbeamter versehentlich oder bewußt pflichtwidrig eine Eintragung vornimmt, ohne daß ihm überhaupt die erforderlichen Unterlagen vorgelegen haben, oder daß er von den ihm vorliegenden Unterlagen abweicht, z. B. den Eintrag auf einem falschen Blatt bewirkt, an Stelle des A den B, statt der bewilligten Hypothek eine solche von einem höheren Betrage einträgt.[1] Hierher gehört auch der Fall, daß der Grundbuchbeamte den Nachweis der Unrichtigkeit des Grundbuchs trotz mangelnder Schlüssigkeit der behaupteten Thatsachen oder trotz ungenügender Beweiskraft des Beweismaterials als geführt annimmt und daraufhin einen Berichtigungseintrag vornimmt, der in Wahrheit das Grundbuch erst unrichtig macht.

---

§ 4. Die Wirkungen der Unrichtigkeit.

I. Von den Wirkungen der Unrichtigkeit des Grundbuchs tritt uns als die bedeutsamste diejenige entgegen, welche sich aus dem Grundsatz des öffentlichen Glaubens des Grundbuchs ergiebt, wie er in §§ 892. 893 B.G.B. ausgesprochen ist. Wer ein Recht an einem solchen Recht durch Rechtsgeschäft erwirbt, oder mit wem der eingetragene Berechtigte sonst ein über das eingetragene Recht verfügendes Rechtsgeschäft vornimmt oder wer eine Leistung auf grund eines eingetragenen Rechts an den eingetragenen Berechtigten bewirkt, der kann sich auf die Richtigkeit des Grundbuchinhalts verlassen, es sei denn, daß dagegen ein Widerspruch eingetragen oder ihm die Unrichtigkeit bekannt ist. Dem Erwerb durch Rechtsgeschäft steht der in Gemäßheit der §§ 894. 897 C.P.O. sich vollziehende gleich (C.P.O. 898). Zu gunsten des hiernach Geschützten gilt der Inhalt des Grundbuchs als richtig, mag er auch unrichtig sein. Es gelten die eingetragenen Rechte als bestehend und zwar nach Subjekt, Inhalt und Rang als so bestehend, wie sie aus dem Grundbuch ersichtlich sind; eintragsfähige, aber nicht eingetragene oder gelöschte Rechte, Verfügungsbeschränkungen und Einreden gegen eine Hypothek, sowie gelöschte Vormerkungen gelten als nicht

[1] Letzterenfalls würde die Hypothek für den Gläubiger nur in Höhe des bewilligten Betrags entstehen, im übrigen der Erwerb einer Eigentümerhypothek möglich sein, vgl. oben S. 31 ff.

bestehend; all das jedoch nur insoweit, als nicht die Unrichtigkeit dem sonst Geschützten bekannt oder ein Widerspruch gegen die Richtigkeit des Grundbuchs eingetragen ist.

Ausnahmen von diesen Sätzen sind in folgenden Fällen begründet:

1. Nach § 1140 B.G.B. ist die Berufung auf die Vorschriften der §§ 892. 893 B.G.B. ausgeschlossen, soweit die Unrichtigkeit des Grundbuchs aus dem Hypothekenbrief oder einem Vermerk auf dem Briefe hervorgeht, und es steht ein aus dem Briefe oder einem Vermerk auf demselben hervorgehender Widerspruch gegen die Richtigkeit des Grundbuchs einem im Grundbuch eingetragenen Widerspruch gleich.

2. Nach § 1159 B.G.B. finden bei einer Hypothek oder Grundschuld die Vorschriften des § 892 keine Anwendung auf die Ansprüche auf Rückstände von Zinsen[1] oder anderen Nebenleistungen oder auf Erstattung von Kosten, für die das Grundstück nach § 1118 haftet. Das gleiche hat gemäß §§ 1107. 1200 für die Ansprüche auf rückständige Leistungen bei einer Reallast oder Rentenschuld zu gelten.

3. Eine Einschränkung ergiebt sich aus § 1139 Satz 2 B.G.B., siehe darüber unten S. 77.

4. Insoweit nach § 1028 B.G.B. eine eingetragene Grunddienstbarkeit infolge Anspruchsverjährung erlischt, findet § 892 keine Anwendung (vgl. oben S. 28).

5. Nach Art. 187 des Einführungsgesetzes bedarf eine Grunddienstbarkeit, die zu der Zeit besteht, zu welcher das Grundbuch als angelegt anzusehen ist, zur Erhaltung der Wirksamkeit gegenüber dem öffentlichen Glauben des Buches nicht der Eintragung, doch können durch Landesgesetz gegenteilige Bestimmungen getroffen werden.

Nach Art. 188 werden landesherrliche Verordnungen dahin zugelassen, daß gesetzliche Pfandrechte oder dingliche Miet- und Pachtrechte, die zur Zeit der Anlegung des Grundbuchs bestehen, zur Erhaltung der Wirksamkeit gegenüber dem öffentlichen Glauben des Buches nicht der Eintragung bedürfen, dies jedoch hinsichtlich der Pfandrechte höchstens auf die Zeit bis zum 1. Januar 1910.

Ähnliche Ausnahmebestimmungen im Wege landesgesetzlicher

---

[1] Wohl aber auf die Höhe des Zinsfußes. Unrichtig Endemann S. 242. Daß nach § 1119 gleich- oder nachstehende Berechtigte die Erhöhung des Zinsfußes gegen sich gelten lassen müssen, hindert doch nicht, daß der Erwerber der Hypothek sich darauf verlassen kann, daß sie zum eingetragenen Satze verzinslich ist.

Vorschrift läßt Art. 114 hinsichtlich der Ablösungsrenten und ähnlichen Reallasten zu.

II. Eine weitere Wirkung der Unrichtigkeit ist die thatsächliche Verfügungsbehinderung, welche für den wirklich Berechtigten dann besteht, wenn er nicht eingetragen ist. Nach G.B.O. 40 soll eine Eintragung nur erfolgen, wenn derjenige, dessen Recht durch sie betroffen wird, als der Berechtigte eingetragen ist. Wer mithin sein Grundstück oder sein Recht an fremdem Grundstück veräußern oder belasten will, kann dies nur dann erreichen, wenn er im Grundbuch als Berechtigter eingetragen steht; er kann es nicht, wenn sein Recht entweder überhaupt nicht oder wenn ein Andrer als Berechtigter eingetragen ist. Insofern kann die Unrichtigkeit des Grundbuchs durch die mit ihr verbundene Verfügungsbehinderung dem nichteingetragnen Berechtigten empfindliche wirtschaftliche Nachteile bereiten.

III. Im Zwangsversteigerungsverfahren werden die nicht eingetragenen und auch nicht durch Eintragung eines Widerspruchs gesicherten Rechte, wenn sie nicht rechtzeitig angemeldet und bei einem Widerspruch des betreibenden Gläubigers glaubhaft gemacht sind, bei der Feststellung des Mindestgebots nicht berücksichtigt und stehen bei der Verteilung des Versteigerungserlöses dem Anspruch des Gläubigers und den übrigen Rechten nach (Z.V.G. § 37 Z. 4. 45. 110); aus dem Grundbuch nicht ersichtliche Ansprüche werden in den Teilungsplan nur aufgenommen, wenn sie spätestens im Versteigerungstermin angemeldet sind (§ 114).

Unrichtigerweise eingetragene oder durch Widerspruch gesicherte Rechte werden wie bestehende berücksichtigt, sofern nicht die konkurrierenden Berechtigten gemäß § 115 Widerspruch erheben.

IV. Die Unrichtigkeit des Grundbuchs ermöglicht ferner unter Umständen die Verjährung. § 902 B.G.B. bestimmt, daß die Ansprüche aus eingetragnen Rechten, soweit sie nicht nur auf Rückstände wiederkehrender Leistungen oder auf Schadenersatz gerichtet sind, der Verjährung nicht unterliegen. Hieraus ergiebt sich umgekehrt der Satz, daß die Ansprüche aus nichteingetragenen Rechten gemäß den allgemeinen Vorschriften der §§ 194 ff. verjähren. Als nicht eingetragen im Sinne des § 902 hat ein Recht dann zu gelten, wenn es auf grund außerbücherlich wirkender Thatsachen entstanden und nicht eingetragen oder wenn es unrichtigerweise gelöscht worden ist, nicht jedoch,[1] wenn das Recht selbst eingetragen ist und nur

---

[1] Darüber kann man zweifelhaft sein. Es läßt sich entgegenhalten, daß der Bucheintrag die verjährungshindernde Wirkung doch nur in Gemäßheit

als sein Subjekt sich aus dem Grundbuch ein Andrer als der wirklich Berechtigte ergiebt, sei es weil außerbücherlich ein nicht verlautbarter Rechtsübergang stattgefunden hat, sei es weil ein thatsächlich nicht eingetretener Rechtsübergang eingetragen ist.

V. In engem Zusammenhang mit dieser Wirkung der Unrichtigkeit steht die Bestimmung des § 901 B.G.B., wonach ein Recht an einem fremden Grundstück, falls es im Grundbuch mit Unrecht gelöscht oder, obwohl kraft Gesetzes entstanden,[1] doch nicht eingetragen worden ist, in dem Zeitpunkt erlischt, mit welchem sich die Verjährung des Anspruchs des Berechtigten gegen den Grundstückseigentümer vollendet. Der Zustand des Nichteingetragenseins ermöglicht nach § 902 die Verjährung dieses Anspruchs, deren Vollendung das Recht selbst zum Erlöschen bringt. Dieser Anspruch ist nicht etwa der Berichtigungsanspruch; denn dieser ist nach § 898 der Verjährung ausdrücklich entzogen. Es ist der aus dem Recht in seiner materiellen Ausübung gegen den Eigentümer entspringende Anspruch.[2]

Durch diese Bestimmung ist übrigens durchaus nicht die Wirkung erzielt, daß jedes unrichtigerweise im Grundbuch gelöschte Recht nach 30 Jahren der Nichtausübung erlischt. Bei der Eigentümerhypothek ist ein Anspruch gegen den Eigentümer überhaupt nicht da; der Anspruch des Erbbauberechtigten, der das Bauwerk noch gar nicht errichtet hat, geht auf Duldung dieser Errichtung, also auf Unterlassung des Widerstands und beginnt daher nach B.G.B. 198 Satz 2 erst mit der Zuwiderhandlung zu verjähren; bei der Reallast und Rentenschuld fehlt es an einem der Verjährung

---

seines Inhalts, also zu gunsten desjenigen haben könne, für welchen er lautet. Für die oben vertretene Meinung spricht der Wortlaut des § 902: es handelt sich nicht um Ansprüche aus nicht eingetragenem Recht, sondern um solche eines nicht im Grundbuch stehenden bezw. daraus verdrängten Berechtigten aus einem eingetragenen Rechte. Warum soll der, gegen den sich der Anspruch richtet, als tertius gaudens die Einrede der Verjährung erlangen, so lange ein Buchstand besteht, der ihm gegenüber jedenfalls das Vorhandensein eines ihm entgegenstehenden Rechts dokumentiert? (Soweit der Buchstand zu seinen Gunsten besteht, kommt § 900 in Frage.) Entscheidend ist m. E. die positive Bestimmung des § 898, daß der Berichtigungsanspruch unverjährbar ist; siehe darüber unten S. 68 ff.

[1] Man denke z. B. an den nach § 1075 B.G.B. ohne Eintragung entstehenden Nießbrauch, vgl. oben S. 22 f. Das von Dernburg S. 146 gewählte Beispiel der Überbaurente ist unzutreffend. Das Recht derselben kann nicht ins Grundbuch eingetragen werden (B.G.B. 914 Abs. 2), § 901 bezieht sich nur auf an sich grundbuchfähige Rechte.

[2] Eine klare Scheidung dieser beiden Ansprüche vermißt man bei Endemann S. 93, letzter Absatz.

unterliegenden Gesamtanspruch,[1] es verjähren nur die Ansprüche auf die einzelnen Leistungen. In allen diesen Fällen kann gegenüber der unrichtigerweise erfolgten Löschung des Rechts der Berichtigungsanspruch möglicherweise noch nach vielen Jahrzehnten geltend gemacht werden.

VI. Wirkt nach dem unter V. Ausgeführten die Unrichtigkeit als rechtsvernichtender Faktor, so kommt sie umgekehrt als rechtsbegründend nach § 900 B.G.B. in Betracht, insofern sie dem unrichtigerweise Eingetragenen, dem nur buchmäßig Berechtigten, in Verbindung mit dem andauernden entsprechenden thatsächlichen Zustand nach Ablauf von 30 Jahren das wirkliche Recht verschafft. Die Thatsache, daß jemand, wenn auch zu Unrecht, 30 Jahre lang im Grundbuch als Eigentümer steht, verschafft ihm das Eigentum, wenn er während derselben Zeit das Grundstück im Eigenbesitze gehabt hat. Entsprechend erwirbt derjenige, für welchen ein ihm nicht zustehendes andres Recht im Grundbuch eingetragen ist, das zum Besitz des Grundstücks berechtigt oder dessen Ausübung nach den für den Besitz geltenden Vorschriften geschützt ist,[2] dieses Recht mit dem ihm nach der Eintragung zukommenden Rang, wenn die Eintragung 30 Jahre lang bestanden und er während dieser Zeit das Grundstück besessen bezw. das Recht entsprechend ausgeübt hat. Es findet also eine (namentlich in der österreichischen Praxis so genannte) Tabularersitzung statt.

---

§ 5. Die Berichtigung des Grundbuchs.

Berücksichtigt man die Wirkungen der Unrichtigkeit des Grundbuchs, so erhellt ohne weiteres, daß jeder, dem ein der grundbücherlichen Verlautbarung fähiges Recht zusteht, das lebhafteste Interesse daran haben muß, daß sein Recht im Grundbuch richtig wiedergegeben ist. Denn ist letzteres nicht der Fall, so läuft er beständig Gefahr, durch das Eingreifen des Publizitätsprinzips einen Rechtsverlust zu erleiden; er ist ferner möglicherweise in der Verfügung über sein Recht thatsächlich behindert und mit seinen Ansprüchen der Verjährung und dem damit verbundenen Verlust seines Rechts, sowie dem durch Tabularersitzung sich vollziehenden Rechtserwerb eines fälschlicherweise Eingetragenen ausgesetzt und findet

[1] A. M. Dernburg S. 146 Note 11, wohl mit Unrecht. Der § 160 des ersten Entwurfs, auf den er Bezug nimmt, ist nicht ins B.G.B. aufgenommen.

[2] In Betracht kommen lediglich das Erbbaurecht und die Dienstbarkeiten.

unter Umständen bei der Zwangsversteigerung des Grundstücks keine Berücksichtigung. Aus all diesen Gründen muß ihm, falls das Grundbuch zu seinen Ungunsten unrichtig ist, an der Beseitigung dieser Unrichtigkeit und an der Herstellung des richtigen Buchstandes, also an der Berichtigung des Buches durchaus gelegen sein.

Wie wird nun diese vollzogen und welche Voraussetzungen sind zu erfüllen, damit sie erfolgen kann?

I. Die Berichtigung geschieht in der Form eines Eintrags im Grundbuch, der verschieden ist je nach dem Grund, auf welchem die Unrichtigkeit beruht. Rührt diese nämlich daher, daß außerbücherlich eine Rechtsänderung eingetreten ist, so wird zur Berichtigung des Buches ein Eintrag vorgenommen, der die eingetretene Rechtsänderung nachträglich verlautbart. Ist aber das Grundbuch durch einen unwirksamen Eintrag (oben S. 34) unrichtig geworden, so bedarf es eines Eintrags, der den vorausgegangenen unwirksamen aufhebt. Daß in diesem Fall nicht eine Tilgung des unwirksamen Eintrags durch mechanische Mittel — etwa durch Ausstreichen — sondern ein selbständiger Eintrag zu erfolgen hat, das ergiebt sich aus der Analogie des § 47 G.B.O., der für die Löschung eines Rechts oder einer Verfügungsbeschränkung die Eintragung eines Löschungsvermerks vorschreibt.

II. Die der Grundbuchbehörde gegenüber zu erfüllenden Voraussetzungen der Berichtigung stehen im engsten Zusammenhang mit denjenigen Voraussetzungen, welche für die grundbücherlichen Eintragungen überhaupt erfordert werden.

1. In erster Linie kommt G.B.O. § 19 in Betracht, welcher bestimmt:

Eine Eintragung erfolgt, wenn derjenige sie bewilligt, dessen Recht von ihr betroffen wird.

Da nichts entgegensteht, den Begriff der Eintragung in § 19 im weitesten Sinne zu fassen, so ist darunter auch die zum Zwecke der Berichtigung erfolgende Eintragung zu verstehen. Es hat also der Satz zu gelten:

Ein Berichtigungseintrag erfolgt, wenn derjenige ihn bewilligt, dessen Recht von ihm betroffen wird.

Dies hat eine doppelte Bedeutung. Erstens ist damit gesagt, die Bewilligung genügt als Voraussetzung des Berichtigungseintrags; wenn sie vorliegt, ist nicht etwa noch der Nachweis der wirklich vorhandenen Unrichtigkeit des Grundbuchs zu erfordern. Zweitens aber ist die Bewilligung der Regel nach notwendige Voraussetzung des Eintrags; wer die Berichtigung erstrebt, kann den Eintrag nicht erwirken ohne die Bewilligung desjenigen, dessen Recht von der Berichtigung betroffen wird.

2. Eine wichtige Ausnahme von dem eben ausgesprochnen Satze statuiert § 22 G.B.O., wenn er sagt:

Zur Berichtigung des Grundbuchs bedarf es der Bewilligung desjenigen, dessen Recht von der Berichtigung betroffen wird, nicht, wenn die Unrichtigkeit nachgewiesen wird.

3. Endlich erfolgt aber nach G.B.O. 39 die Berichtigung wie jede Eintragung auch dann, wenn die zuständige Behörde das Grundbuchamt um ihre Vornahme ersucht. Dieses Ersuchen ersetzt jede andre Voraussetzung.

Es ergeben sich also nach der G.B.O. drei verschiedene Wege, auf denen eine Berichtigung des Grundbuchs erlangt wird, nämlich die Berichtigungsbewilligung, der Nachweis der Unrichtigkeit und das Ersuchen der zuständigen Behörde.

---

§ 6. Die Berichtigungsbewilligung.

Betrachten wir zunächst die Buchberichtigung auf grund der Berichtigungsbewilligung.

I. Hinsichtlich der Frage, wessen Bewilligung erforderlich ist, verweist G.B.O. 19 jct. 22 auf denjenigen, „dessen Recht von der Berichtigung betroffen wird“. Wer als ein solcher zu gelten hat, ist mit Rücksicht auf das materielle Privatrecht zu beantworten. Im allgemeinen wird man sagen können, daß das Recht desjenigen betroffen wird, dessen Rechtslage durch den Eintrag eine Verschlechterung erleidet.

Betroffen wird daher — um die einzelnen Fälle zu sichten — wenn durch die Berichtigung der Gegenstand des Grundbuchblattes verringert, z. B. ein irrtümlich zugeschriebenes Grundstück wieder abgeschrieben werden soll, sowohl der eingetragne Eigentümer, wie alle diejenigen, für welche auf diesem Blatte Rechte an dem abzuschreibenden Grundstück oder Rechte an solchen Rechten verzeichnet sind, da diese Personen eine Verminderung des unmittelbaren oder mittelbaren Objekts ihrer buchmäßigen Rechte erleiden sollen, wohingegen dann, wenn durch die Berichtigung das Blatt an Gegenstand gewinnen soll, keines der auf diesem Blatt verzeichneten Rechte als dadurch „betroffen“ gelten kann, da keines durch die Berichtigung verschlechtert wird, vielmehr jedes durch dieselbe nur an Gegenstand gewinnen kann. Betroffen wird weiter derjenige, der im Grundbuch als Inhaber irgend eines Rechts eingetragen ist und im Wege der Berichtigung durch einen Anderen ganz oder teilweise aus dieser Stellung verdrängt werden soll. Soll ein das Grundstück oder ein

Recht an demselben belastendes Recht eingetragen, in seinem Umfang erweitert oder in seiner Rangstellung verbessert werden, so wird dadurch einerseits dasjenige Recht betroffen, das infolge des Berichtigungseintrags überhaupt erst oder mehr als bisher belastet erscheint, andrerseits aber auch diejenigen Rechte, die durch den Berichtigungseintrag in ihrer Rangstellung verschlechtert werden. Soll umgekehrt ein im Grundbuch eingetragenes Recht berichtigungsweise gelöscht oder in dem aus dem Buch erhellenden Umfang oder Rang verschlechtert werden, so wird dadurch eben dieses Recht betroffen. Soweit es sich dabei um eine Hypothek (Grund- oder Rentenschuld) handelt, hat kraft der Bestimmungen über die Eigentümerhypothek und der ihm dadurch eröffneten Erwerbsanwartschaft auch der Eigentümer als in seinem Rechte betroffen zu gelten. Eben wegen dieser Erwerbsanwartschaft ist es für ihn nicht gleichgiltig, ob eine einzelne Hypothek ganz oder teilweise gelöscht oder in ihrem Range verschlechtert wird; insbesondere gegenüber nachstehenden Hypothekaren muß er an der unverkürzten Erhaltung einer vorgehenden Hypothek Interesse haben. G.B.O. 27 Abs. 1 erfordert daher auch für jede Löschung einer Hypothek (Grund- oder Rentenschuld) die „Zustimmung" des Eigentümers. Aber auch für die Rangverschlechterung ist zufolge B.G.B. 880 Abs. 2 Satz 2 die Zustimmung des Eigentümers zu erfordern.[1]

§ 27 Abs. 2 G.B.O. fordert analog auch für die Löschung eines Rechts, mit dem eine Hypothek, Grund- oder Rentenschuld belastet ist, die Zustimmung dessen, dem das belastete Recht zusteht, und zwar auch für den Fall der Löschung zur Berichtigung des Grundbuchs, soweit nicht die Unrichtigkeit nachgewiesen wird. Die Denkschrift begründet diese Bestimmung mit Hinweis auf die §§ 1063. 1068. 1256. 1273 B.G.B., denen zufolge das belastende Recht (Pfandrecht oder Nießbrauch), wenn es mit dem belasteten in derselben Person zusammentrifft, als nicht erloschen gilt, soweit der, dem das belastete Recht zusteht, ein rechtliches Interesse an der Fortdauer hat. Die Bestimmung ist verständlich, soweit das belastende Recht ein Pfandrecht ist. Gesetzt z. B. eine für H eingetragene Grundschuld von 1000 M., von der es zweifelhaft ist, mit welchem Betrage sie bei einer Zwangsversteigerung des Grundstücks

[1] Zu weit geht Endemann, wenn er S. 204 sagt, der Eigentümer werde durch jede Änderung im Rechtszustand des Grundstücks „betroffen". Wird z. B. eine auf dem Blatte eingetragene persönliche Dienstbarkeit von dem Berechtigten aufgegeben, so tritt zweifellos eine Änderung im Rechtszustand des Grundstücks ein, der Eigentümer wird aber dadurch im Sinne von § 19 G.B.O. nicht „betroffen", ebensowenig wenn eine Hypothek auf eine dritte Person übertragen wird.

werde realisiert werden, hafte an erster Stelle für eine Forderung des A von 600, an zweiter für die des B von 300, für welch' letztere H nicht persönlich haftet. Wenn H dem A seine 600 M. auszahlt, so wird er das wahrscheinlich in der Weise thun, daß er sich dessen Forderung gegen Zahlung der Valuta abtreten läßt, um so das erststellige Pfandrecht von 600 erhalten und das Nachrücken des B verhindern zu können. Würde jetzt A, für den das Pfandrecht im Grundbuch eingetragen ist, dessen Löschung bewilligen, so wäre die Rechtsstellung des H gefährdet. B könnte seine Forderung mit dem nunmehr erststelligen Pfandrecht an einen gutgläubigen Dritten abtreten. Es ist also gerechtfertigt, daß zu der Löschung die Zustimmung des H erfordert wird. Weshalb aber dessen Zustimmung auch dann erforderlich sein soll, wenn ein belastender Nießbrauch gelöscht werden soll, ist schlechterdings unverständlich. Der Nießbrauch ist nicht übertragbar (B.G.B. 1059. 1068). Es kann also gar nicht in Frage kommen, daß der Hypothekar den Nießbrauch, sondern höchstens daß der Nießbraucher die Hypothek erwerben könnte. Es kann daher weiter niemand ein Interesse an der Nichtlöschung des Nießbrauchs haben als der Nießbraucher selber.

Ist das Recht, das berichtigungsweise gelöscht oder im Buche als geringeren Umfangs oder schlechteren Ranges verlautbart werden soll, selbst wieder mit einem Rechte belastet, so wird das letztere durch die Berichtigung betroffen, insofern ihm dadurch entweder das Objekt ganz oder teilweis entzogen oder — bei einer Rangverschlechterung — sein Wert gemindert wird.

Sollen Verfügungsbeschränkungen, Widersprüche oder Vormerkungen ins Grundbuch eingetragen bezw. wiedereingetragen werden (letzteres im Wege der Beseitigung einer vorausgegangenen unrichtigen Löschung), so wird dadurch derjenige betroffen, dessen Verfügungsfreiheit beschränkt sein oder gegen dessen Recht Widerspruch erhoben werden soll bezw. der, welcher gegenüber dem vorgemerkten Anspruch als der Verpflichtete erscheint. Durch die Löschung eines solchen Eintrags wird derjenige betroffen, zu dessen Gunsten er besteht.

Fraglich erscheint, ob zur Bewirkung eines berichtigenden Subjektwechseleintrags es auch der Bewilligung derjenigen Personen bedarf, denen an dem Rechte, dessen Subjekt sich ändern soll, ein belastendes Recht zusteht. Zweifellos sind diese Personen nicht völlig uninteressiert daran, wer Eigentümer des Grundstücks oder Inhaber des belasteten Rechts ist. So kann z. B. der Hypothekar, dem umfangreiche Hypotheken im Range vorausgehen, mit Rücksicht auf seine geringe Sicherung aus dem Grundstück ein sehr starkes Interesse daran haben, daß der Eigentümer ein zahlungsfähiger

Mann ist, insbesondere, wenn derselbe zugleich persönlicher Schuldner ist. Trotzdem ist die beregte Frage zu verneinen, denn das belastende Recht bleibt, soweit es das dingliche Recht als Objekt ergreift, durch den Wechsel des Subjekts desselben unberührt. Das Interesse an der Person des Berechtigten erklärt sich aus wirtschaftlichen Gesichtspunkten, die dem dinglichen Recht als solchen fremd sind.

Auch bedarf es nicht der Einwilligung derer, zu deren Gunsten eine Verfügungsbeschränkung, eine Vormerkung oder ein Widerspruch eingetragen ist, wenn das Recht, gegen welches oder gegen dessen Inhaber sie sich richten, sein Subjekt wechseln oder ganz oder teilweise gelöscht oder in Umfang oder Rang verschlechtert werden soll. Denn die Verfügungsbeschränkung, die Vormerkung, der Widerspruch führen nicht etwa eine Sperre des Grundbuchs herbei, wie dies z. B. die Verwahrung des § 143 sächs. B.G.B. thut; sie hindern den eingetragenen Berechtigten, gegen welchen sie sich richten, durchaus nicht an der thatsächlichen Verfügung über sein Recht, sondern sie beeinträchtigen nur die Wirksamkeit dieser Verfügungen. Sie bleiben selbst von jenen Verfügungen in ihrem rechtlichen Bestand unberührt. Wie aber die Bewilligung der durch sie geschützten Berechtigten zu Verfügungen des Beschränkten nicht herbeigezogen wird, so ist sie auch nicht erforderlich, wenn die gedachten Veränderungen des Buchstandes zum Zwecke der Berichtigung erfolgen sollen. Sie bleiben in ihrer Wirksamkeit auch durch diese Berichtigungen unberührt.

II. Die Form der Berichtigungsbewilligung muß der Vorschrift des § 29 G.B.O. entsprechen. Die Bewilligung muß also entweder vor dem Grundbuchamt zu Protokoll gegeben oder durch öffentliche oder öffentlich beglaubigte Urkunden nachgewiesen werden.

Die Begriffsbestimmung der öffentlichen Urkunde ist der Civilprozeßordnung zu entnehmen. Öffentliche Urkunde ist danach die von einer öffentlichen Behörde innerhalb der Grenzen ihrer Amtsbefugnisse oder von einer mit öffentlichem Glauben versehenen Person innerhalb des ihr zugewiesenen Geschäftskreises in der vorgeschriebenen Form aufgenommene (C.P.O. 415), sowie die von einer Behörde ausgestellte, eine amtliche Anordnung Verfügung oder Entscheidung enthaltende Urkunde (C.P.O. 417) und die öffentliche Zeugnisurkunde (418). Was unter einer öffentlich beglaubigten Urkunde zu verstehen ist, besagt B.G.B. 129: die Unterschrift des Erklärenden unter der die Erklärung enthaltenden Urkunde muß von der zuständigen Behörde oder einem zuständigen Beamten oder Notar beglaubigt sein. Wie insbesondere gerichtliche oder notarielle Urkunden aufzunehmen sind und wie die gerichtliche oder notarielle

Beglaubigung zu erfolgen hat, das bestimmt das Reichsgesetz über die Angelegenheiten der freiwilligen Gerichtsbarkeit in den §§ 167 ff.

Für die Berichtigungsbewilligung kommen sämtliche obenerwähnte Formen in Betracht. Sie kann vor dem Grundbuchamt zu Protokoll gegeben oder vor dem Gericht oder Notar erklärt sein, welch' letztere darüber entweder ein Protokoll aufnehmen und so eine öffentliche Urkunde nach § 415 C.P.O. herstellen oder ein Zeugnis darüber ausstellen können, daß die Erklärung abgegeben worden ist (C.P.O. 418). Es kann eine rechtskräftige Verurteilung zur Abgabe der Berichtigungsbewilligung und somit in der Urteilsausfertigung die öffentliche Thatbestandsurkunde des § 417 C.P.O. vorliegen. Die Bewilligung kann endlich in Gestalt einer Privaturkunde mit öffentlich beglaubigter Unterschrift und so in Form einer „öffentlich beglaubigten Urkunde" beigebracht werden.

III. Es genügt nun nicht, daß die erforderliche Berichtigungsbewilligung in der vorgeschriebenen Form dem Grundbuchamt vorgelegt wird; damit dem auf die Bewilligung sich stützenden Berichtigungsantrag auch stattgegeben werde, müssen vielmehr noch anderweite Erfordernisse erfüllt sein, die sich aus den §§ 40—44 G.B.O. ergeben.

1. Nach G.B.O. 40 soll eine Eintragung nur erfolgen, wenn derjenige, dessen Recht durch sie betroffen wird, als der Berechtigte eingetragen ist. Dabei steht es bei der Briefhypothek (Briefgrund- oder -rentenschuld) der Eintragung des Gläubigers gleich, wenn dieser sich im Besitze des Briefes befindet und sein Gläubigerrecht durch eine zusammenhängende, auf einen eingetragenen Gläubiger zurückführende Reihe von öffentlich beglaubigten Abtretungserklärungen, denen Anerkenntnisse einer kraft Gesetzes erfolgten Forderungsübertragung oder gerichtliche Überweisungsbeschlüsse gleichstehen, gemäß B.G.B. 1155 nachweist.

Eine Ausnahme hiervon enthält § 41 G.B.O. für den Fall, daß der eingetragene Berechtigte gestorben oder für tot erklärt ist. Dann bedarf es nämlich der vorherigen Eintragung des Erben nicht, wenn die Übertragung oder Aufhebung des Rechts eingetragen werden soll oder wenn eine Eintragsbewilligung des Erblassers oder Nachlaßpflegers oder Testamentvollstreckers oder ein gegen diese Personen erlangter vollstreckbarer Titel als Eintragsunterlage beigebracht werden, wobei in Ansehung des Testamentsvollstreckers vorausgesetzt wird, daß die Bewilligung desselben oder der vollstreckbare Titel gegen ihn auch gegen den Erben wirksam ist.

Diese Bestimmungen gelten auch für die Berichtigung. Auch diese erfolgt im allgemeinen nur, wenn derjenige, dessen Recht durch sie betroffen wird, als der Berechtigte eingetragen ist. Ist dies nicht der Fall, so muß zur Ermöglichung des Berichtigungseintrags zunächst der fehlende Eintrag des Berechtigten nachgeholt werden, und diese Notwendigkeit entfällt nur in den dem § 41 G.B.O. entsprechenden Fällen. Wo also im Wege der Berichtigung das eingetragene Rechtssubjekt durch ein anderes ersetzt oder ein eingetragenes Recht gelöscht werden soll, dann ist, falls der als Berechtigter Eingetragene verstorben oder für tot erklärt ist, die vorgängige Eintragung des Erben nicht erforderlich; ebensowenig dann, wenn die Berichtigungsbewilligung des Erblassers, des Nachlaßpflegers oder — soweit sie gegen den Erben wirksam ist — des Testamentsvollstreckers, bezw. — unter denselben Voraussetzungen — ein vollstreckbarer Titel gegen diese Personen vorliegt.

2. Nach §§ 42. 43 soll bei einer Hypothek, Grund- oder Rentenschuld, über die ein Brief erteilt ist, im allgemeinen eine Eintragung nur erfolgen, wenn der Brief vorgelegt wird.

3. Endlich schreibt § 44 vor, daß bei einer Hypothek für die Forderung aus einem Inhaber- oder Orderpapier eine Eintragung nur erfolgen soll, wenn die Urkunde vorgelegt wird; nur dann bedarf es dessen nicht, wenn die Eintragung auf grund der Bewilligung eines nach § 1189 B.G.B. bestellten Vertreters, des sog. Treuhänders, oder auf grund einer gegen diesen erlassenen gerichtlichen Entscheidung bewirkt werden soll. Die Bewilligung kann von dem Vertreter nur dann wirksam abgegeben und daher auch im Prozesse nur dann von ihm verlangt werden, wenn ihm die Befugnis zu derartigen Dispositionen auch wirklich verliehen ist.

---

§ 7. **Der Berichtigungsanspruch.**

Nicht immer, vielleicht nur in der Minderzahl der praktisch vorkommenden Fälle wird derjenige, der die Berichtigung des Grundbuchs anstrebt, den, dessen Recht dadurch betroffen wird, bereit finden, die zu der Berichtigung erforderliche Eintragsbewilligung zu geben. Wird diese Bewilligung verweigert, so müssen dem durch die Unrichtigkeit in seinem Rechte Beeinträchtigten Mittel zur Verfügung stehen, um die Beseitigung der Unrichtigkeit auch wider den Willen des Gegners zu erreichen. Diesem Zweck dienen die §§ 894 ff. B.G.B.

Das B.G.B. bestimmt in § 894:

Steht der Inhalt des Grundbuchs in Ansehung eines Rechtes an dem Grundstück, eines Rechtes an einem solchen Rechte oder einer Verfügungsbeschränkung der im § 892 Abs. 1 bezeichneten

Art mit der wirklichen Rechtslage nicht im Einklange, so kann derjenige, dessen Recht nicht oder nicht richtig eingetragen oder durch die Eintragung einer nicht bestehenden Belastung oder Beschränkung beeinträchtigt ist, die Zustimmung zu der Berichtigung des Grundbuchs von demjenigen verlangen, dessen Recht durch die Berichtigung betroffen wird.

Es wird also in diesem Paragraphen ein Anspruch geschaffen, der auf die Berichtigung des Grundbuchs abzielt. Treten wir der Betrachtung dieses Anspruchs näher, den wir der Kürze halber und in Übereinstimmung mit dem zweiten Entwurf des B.G.B. als „Berichtigungsanspruch" bezeichnen wollen.

I. Voraussetzung desselben ist die Unrichtigkeit des Grundbuchs als der Zustand der Nichtübereinstimmung des Buchstands mit der wirklichen Rechtslage. § 894 spricht nun aber von der Unrichtigkeit nicht im allgemeinen, er macht sie vielmehr zur Anspruchsgrundlage nur insoweit, als sie vorliegt „in Ansehung" eines Rechts am Grundstück, eines Rechts an einem solchen Recht oder einer Verfügungsbeschränkung, die zu Gunsten einer bestimmten Person besteht. Damit sind dem Wortlaut des § 894 nach diejenigen Fälle ausgeschieden, wo die Unrichtigkeit in Ansehung einer Vormerkung oder eines Widerspruchs vorhanden ist.

II. Die Personen anlangend, so stehen sich nach § 894 gegenüber:

als Anspruchsberechtigter derjenige, dessen Recht nicht oder nicht richtig eingetragen oder durch Eintragung einer nicht bestehenden Belastung oder Beschränkung beeinträchtigt ist, und andrerseits

als Anspruchsgegner[1] der, dessen Recht durch die Berichtigung betroffen wird.

Der letztere ist identisch mit demjenigen, dessen Bewilligung nach G.B.O. 19 zur Berichtigung des Grundbuchs erforderlich ist. Wir haben oben S. 42 ff. erörtert, wer das ist.

Als Anspruchsberechtigter kann nach dem Wortlaut des § 894 nur ein solcher in Frage kommen, dem ein dingliches Recht am Grundstück oder an einem das Grundstück belastenden Recht zusteht. Denn im Zusammenhang der §§ 873—902 wird als „Recht" immer nur ein solches dingliches Recht bezeichnet. Derjenige z. B., zu dessen Gunsten eine Vormerkung eingetragen ist, hat kein „Recht" im Sinne dieser Paragraphen; es wird da immer nur von dem durch die Vormerkung gesicherten Anspruch geredet (vgl. oben S. 17).

[1] Wo es an einem Anspruchsgegner fehlt, ist natürlich auch kein Berichtigungsanspruch vorhanden, also z. B. da nicht, wo es sich um die Eintragung eines Erben handelt.

Ebensowenig steht demjenigen, zu dessen Gunsten der eingetragene dinglich Berechtigte in der Verfügung beschränkt ist, ein Recht in diesem Sinne zu. Ist also die Verfügungsbeschränkung zu Unrecht gelöscht, so liegt doch nach dem Wortlaut des § 894 ein Fall nicht vor, in welchem ein Berichtigungsanspruch begründet wäre.

Der Kreis dieser Fälle ist also noch enger zu ziehen, als das bereits unter I. geschah: es wird nicht nur Unrichtigkeit „in Ansehung" eines dinglichen Rechts oder einer Verfügungsbeschränkung erfordert, sondern es muß diese Unrichtigkeit auch vorliegen zu Ungunsten eines bestehenden dinglichen Rechts bezw. — soweit es sich um eine unrichtigerweise eingetragene Verfügungsbeschränkung handelt — zu Ungunsten des dinglich Berechtigten.

III. Gegenstand des Berichtigungsanspruchs — das, was der Anspruchsberechtigte vom Gegner fordern kann — ist nach § 894 die Zustimmung des Gegners zu der Berichtigung des Grundbuchs.

Das B.G.B. spricht von „Zustimmung" in der Regel da, wo bei einem Vertrag oder bei einem einseitigen, einem Andren gegenüber vorzunehmenden Rechtsgeschäft das Einverständnis eines Dritten hinzuzutreten hat, der weder Vertragspartei noch Adressat der Willenserklärung ist; dieser Dritte „stimmt zu" (vgl. §§ 182. 110. 1376 ff. 876. 880 u. s. w.). Entsprechend scheint in § 894 die Anschauung zum Ausdruck zu kommen, daß zu dem Antrag des Berichtigungsinteressenten auf Buchberichtigung, den er dem Grundbuchamt gegenüber stellt, das Einverständnis, die „Zustimmung" des Berichtigungsgegners hinzuzutreten habe. Das entspricht nicht ganz dem Wesen der Sache. Die Berichtigung kann nach den Vorschriften der G.B.O. im allgemeinen gar nicht vollzogen werden, so lange nicht die Eintragsbewilligung des Gegners vorliegt, diese ist in der Regel notwendige Voraussetzung der Berichtigung. Wo aber die Buchberichtigung ohne solche Bewilligung erfolgt, gemäß G.B.O. 22 Abs. 1, da bedarf es auch nicht der „Zustimmung" des Gegners.

§ 894 schreibt ferner für die „Zustimmung" keine Form vor; es scheint also, als komme es lediglich auf das materielle Einverständnis des Gegners mit der Berichtigung an und als könne daher die Zustimmung auch formlos, ja stillschweigend durch schlußverstattende Handlung erklärt werden. Gerade das Umgekehrte ist der Fall. Dadurch, daß der fälschlich eingetragene Gläubiger dem wirklich berechtigten mündlich erklärt, er sei mit der Umschreibung der Hypothek auf jenen einverstanden, ist dem letzteren noch nicht geholfen. Dadurch kann er nicht die Berichtigung des Grundbuchs erlangen. Was er braucht, das ist eine den Vorschriften der Grundbuchordnung entsprechende Berichtigungsbewilligung des Gegners, und diese — nicht etwa die materielle Zustimmung — bildet den wahren Gegenstand des Berichtigungsanspruchs. Nur dann, wenn der Berichtigungsgegner die Bewilligung des Berichtigungseintrags zu grundbuchamtlichem Protokoll erklärt oder sie in öffentlicher oder öffentlich beglaubigter Urkunde abgiebt, befriedigt er den Berichtigungsanspruch.

Der erste Entwurf bezeichnete denn auch den Gegenstand des Anspruchs ganz treffend, wenn er in § 843 sagte, der Verpflichtete habe „die der wirklichen Rechtslage entsprechende Eintragung in der nach der Grundbuchordnung erforderlichen Form zu bewilligen.“[1]

IV. Als Gegenstand des Berichtigungsanspruchs des § 894 werden wir sonach die Abgabe der zu der Berichtigung nach den Bestimmungen der Grundbuchordnung erforderlichen[2] Eintragsbewilligung in der vorgeschriebenen Form zu bezeichnen haben. Da nun aber, wie wir oben (S. 46 f.) sahen, in gewissen Fällen die Eintragsbewilligung noch nicht genügt, um die Berichtigung herbeizuführen, so ist dem Berichtigungsinteressenten mit dem Anspruch des § 894 noch nicht völlig geholfen. Er braucht ein Mittel, um auch die Beschaffung der anderweiten Eintragserfordernisse herbeiführen zu können. Diesem Bedürfnis entsprechen die §§ 895. 896.

1. Insoweit der Berichtigungseintrag nach §§ 40. 41 G.B.O. die vorgängige Eintragung desjenigen voraussetzt, dessen Recht durch die Berichtigung betroffen wird, hat gegen diesen der aus § 894 Berechtigte einen Anspruch darauf, daß er sein Recht eintragen lasse (§ 895). Dadurch wird ihm allerdings ein Anspruch gegen den Dritten, dessen Bewilligung etwa zu dieser Eintragung erforderlich ist, nicht gegeben. Über seine Rechtsbehelfe diesem gegenüber sprechen wir noch an andrer Stelle.[3]

2. Soweit zur Berichtigung die Vorlegung eines Hypotheken (Grund- oder Rentenschuld)-Briefes nach G.B.O. 40 Abs. 2, 42, 43 erforderlich ist, hat der aus § 894 Berechtigte einen Anspruch gegen den Besitzer darauf, daß der Brief dem Grundbuchamt vorgelegt werde (§ 896). Bemerkenswert ist, daß dieser Anspruch sich nicht

---

[1] Nicht korrekt ist es, wenn Endemann S. 87 Note 3 davon spricht, daß der Eingetragene zur Vornahme einer „Rückauflassung“ mitzuwirken habe; richtig ist dagegen S. 70 von Rückauflassung bei Durchsetzung eines obligatorischen Rückforderungsanspruches die Rede.

[2] Dies jedoch nicht in dem Sinne, daß der Berichtigungsanspruch dann ausgeschlossen wäre, also Klagabweisung zu erfolgen hätte, wenn dem durch die Unrichtigkeit des Grundbuchs Beeinträchtigten andre Mittel zu Gebote stünden, um zur Berichtigung zu gelangen, er insbesondre in der Lage wäre, die Berichtigung gemäß § 22 Abs. 1 G.B.O. zu erreichen. A. M. anscheinend Endemann S. 246 Note 11, Strecker S. 104. Der Berichtigungsinteressent ist nicht gezwungen, den ihm nach § 22 G.B.O. eröffneten Weg zu betreten.

[3] Siehe unten S. 88 ff.

nur gegen den aus § 894 Verpflichteten, sondern gegen jeden Dritten richtet, der sich im Besitz des Briefes befindet.

3. Nicht berücksichtigt ist in §§ 894 ff. die oben S. 47 unter 3. besprochene Vorschrift des § 44 G.B.O. Diese Lücke des Gesetzes haben wir im Wege der Analogie auszufüllen und nach dem Vorbilde des § 896 dem aus § 894 Berechtigten, soweit zu der Berichtigung die Vorlegung derjenigen Urkunde erforderlich ist, welche die gemäß § 1187 mit einer Sicherungshypothek ausgestattete Forderung verkörpert, auch den Anspruch auf Vorlegung dieser Urkunde gegen deren Besitzer zuzusprechen. Ist übrigens gemäß § 1189 B.G.B. ein Vertreter bestellt und liegt es in seiner Befugnis, die beabsichtigte Buchberichtigung zu bewilligen, so ist in analoger Anwendung des § 1189 Abs. 2 dem Berechtigten auch ein Anspruch gemäß § 894 gegen den Vertreter zuzuerkennen; aber auch in diesem Fall besteht der Anspruch des Berechtigten gegen den Besitzer der Urkunde auf deren Vorlegung: es muß dem Berechtigten die Wahl gelassen werden, welchen Weg zur Berichtigung des Buches er einschlagen will. Hat er natürlich auf grund des Berichtigungsanspruchs gegen den Vertreter die Berichtigung erlangt, so kann er den Anspruch gegen den Gläubiger und den Urkundenbesitzer nicht mehr geltend machen, und umgekehrt; mit der Berichtigung erledigt sich der Berichtigungsanspruch.

Fassen wir die in den §§ 894—896 begründeten und die soeben im Wege der Analogie gefundenen Ansprüche unter dem Begriff des Berichtigungsanspruchs im weiteren Sinne zusammen, so können wir als dessen Gegenstand die Beschaffung der sämtlichen nach den Vorschriften der Grundbuchordnung erforderlichen Unterlagen für die Berichtigung des Grundbuchs bezeichnen.

---

§ 8. Wesen des Berichtigungsanspruchs.

I. Was nun das Wesen des Berichtigungsanspruchs betrifft, so begründen ihn die Motive zum ersten Entwurf (III. S. 236) aus der absoluten Natur des dinglichen Rechts. Vermöge seiner absoluten Natur nämlich erzeuge das dingliche Recht gegen jeden, der sich in einem das Recht beeinträchtigenden Zustande befindet, den Anspruch darauf, daß dieser Zustand beseitigt und der dem Recht entsprechende Zustand hergestellt werde. Die Unrichtigkeit des Grundbuchs wird als ein das dingliche Recht beeinträchtigender, der richtige Buchstand als der dem Recht entsprechende Zustand aufgefaßt. Derjenige, zu dessen Gunsten der unrichtige Buchstand besteht, ist gegenüber dem absolut wirkenden dinglichen Recht verpflichtet, nicht nur die Beseitigung des rechtswidrigen und die Herstellung des rechtmäßigen Zustandes zu dulden, sondern auch positiv dabei mitzuwirken, soweit dies zu jener Beseitigung und Herstellung erforderlich ist, mithin — da die Berichtigung dem formellen Konsensprinzip unterliegt — die der wirklichen Rechtslage entsprechende Eintragung in der erforderlichen Form zu bewilligen. Dem Berichtigungsanspruch wird somit negatorische Natur zugeschrieben. Weiterhin (a. a. O. S. 255) wird der Berichtigungsanspruch des Eigentümers in Parallele gestellt zu dessen Anspruch auf Herausgabe des Grundstücks gegen den besitzenden Nichteigentümer und gesagt: beide Ansprüche seien nur verschiedene Erscheinungsformen des aus dem dinglichen Recht hervorgehenden Anspruchs auf Schutz gegen jeden, der sich der Verwirklichung des Rechts entgegenstelle.

Weil der Berichtigungsanspruch nach Ansicht der Motive in der absoluten Natur des dinglichen Rechts gründet, deshalb wird er auch nur dem dinglich Berechtigten gegeben. Der erste Entwurf bezeichnet als Anspruchsberechtigten den, dessen Recht durch die (mit der wirklichen Rechtslage im Widerspruch stehende) Eintragung beeinträchtigt wird — wobei als „Recht“ hier zweifellos nur das dingliche Recht gemeint ist —, der zweite Entwurf in § 813 denjenigen, der durch die (mit der wirklichen Rechtslage nicht im Einklang stehende) Eintragung oder Löschung in seinem Rechte an dem Grundstück oder an einem das Grundstück belastenden Rechte beeinträchtigt ist, also unter ausdrücklicher Hervorhebung des dinglichen Rechts. Daß der § 894 B.G.B. seiner Fassung nach auf demselben Standpunkt steht, haben wir bereits oben (S. 48) dargethan. Auch aus den Protokollen der zweiten Kommission ist an verschiedenen Stellen die Auffassung der Redaktoren zu erkennen, daß der Berichtigungsanspruch der Anspruch aus dem dinglichen Recht und daher dinglicher Natur sei (z. B. III. S. 103). Die Denkschrift zum Entwurf des B.G.B. erwähnt in ihren Ausführungen zur Vormerkung den Widerspruch auch nur als Mittel zum Schutz bestehender dinglicher Rechte, ohne ihn allerdings ausdrücklich darauf zu beschränken.

In der Litteratur scheint durchgehends dieselbe Auffassung vertreten zu sein. So führt Dernburg S. 143 (bei Note 3) aus, daß der Berichtigungsanspruch ein Ausfluß des dinglichen Rechts sei (ebenso S. 144), so hebt Strecker S. 107 ff. hervor, daß die Widersprüche nur zum Schutze bestehender dinglicher Rechte dienen, Endemann S. 245 fordert als Voraussetzung des Anspruchs ein dingliches eintragsfähiges Recht; Biermann S. 45, Böhm S. 67 ff., Kober S. 51 bezeichnen ihn als dinglichen Anspruch, Staffel S. 206

als die Negatoria, die den rechtlichen Scheinzustand, den das Grundbuch aufweist, zu Gunsten der hierdurch geschädigten dinglichen Rechte zerstören soll.

II. Die Auffassung, daß der Berichtigungsanspruch in der absoluten Natur des dinglichen Rechts gründe, erweist sich jedoch schon bei genauerer Betrachtung des § 894 als nicht konsequent durchgeführt. § 894 giebt den Berichtigungsanspruch auch demjenigen, dessen Recht durch die Eintragung einer nicht bestehenden Verfügungsbeschränkung der im § 892 Abs. 1 gedachten Art beeinträchtigt ist. Besteht nun aber eine solche Eintragung zu Unrecht, ist z. B. auf grund eines nichtigen Testaments eingetragen, daß der Eigentümer A nur Vorerbe und der B Nacherbe sei, während A gesetzlicher und in der Dauer unbeschränkter Erbe ist, so liegt darin doch in keiner Weise eine Beeinträchtigung des dinglichen Rechts des Eingetragenen, sondern nur eine solche seiner Verfügungsfreiheit über das dingliche Recht. Nicht sein dingliches Recht, nicht die Freiheit seines Eigentums, nicht das Eigentum in seiner absoluten Wirkung gegen jeden Dritten macht derjenige geltend, welcher mittels des Berichtigungsanspruchs die Beseitigung dieser eingetragenen Verfügungsbeschränkung fordert, sondern lediglich seine durch den Eintrag beeinträchtigte, der wirklichen Rechtslage nach uneingeschränkte Verfügungsfreiheit. Nehmen wir z. B. an, für denselben A sei im Staatsschuldbuch eine Forderung und dabei auf grund desselben nichtigen Testaments der dem § 2118 B.G.B. entsprechende Vermerk zu Gunsten des B eingetragen, so könnte A dasselbe Interesse an der Beseitigung dieses unrichtigen Vermerks haben. Er würde zweifellos die erforderliche Mitwirkung dazu von dem B verlangen können, nicht weil sein Recht auch diesem B gegenüber wirkte — sein Forderungsrecht richtet sich allein gegen den Staatsfiskus als seinen Schuldner —, sondern weil der Vermerk zu Unrecht eingetragen ist. Verweigerte der B die Beseitigung des Vermerks im Staatsschuldbuch, so würde A gegen ihn die negative Feststellungsklage erheben können, daß die testamentarische Bestimmung, durch welche B als Nacherbe eingesetzt wurde, nichtig und daher der Vermerk unrichtig ist.

Auch der Berichtigungsanspruch, welcher die Beseitigung des die Verfügung des A beschränkenden Vermerks aus dem Grundbuch bezweckt, will nicht das Eigentum des A in seiner absoluten Wirkung auch gegen den B, sondern lediglich das Nichtbestehen der eingetragenen Verfügungsbeschränkung geltend machen. Wäre ersteres der Fall, so müßte für den Beklagten B die Behauptung und der Beweis zugelassen werden, daß der Kläger A, obwohl er eingetragen ist, gar nicht Eigentümer sei, z. B. weil der Erblasser des A auf grund einer nichtigen Auflassung ins Grundbuch gelangt sei; gelänge dem B dies zu beweisen, so wäre die Klage abzuweisen. Daß das höchst widersinnig wäre, bedarf keiner weiteren Ausführung.

III. Haben wir nun aber einmal erkannt, daß die in den Motiven zum Ausdruck kommende Auffassung, als erzeuge nur das dingliche Recht kraft seiner absoluten Wirkung den Berichtigungsanspruch, sich selbst gegenüber den Bestimmungen des B.G.B. nicht halten läßt, so liegt auch kein Grund vor, an der aus jener Auffassung folgenden Beschränkung des Anspruchs auf die aus dem Wortlaut des § 894 sich ergebenden Fälle der Grundbuchsunrichtigkeit zu Ungunsten eines dinglich Berechtigten festzuhalten. Das praktische Bedürfnis weist entschieden darauf hin, den Berichtigungsanspruch auch in anderen Fällen zuzulassen. Die Unrichtigkeit kann bestehen zu Ungunsten des aus einer Vormerkung, einem Widerspruch oder einer Verfügungsbeschränkung der in § 892 gedachten Art Berechtigten.

Gesetzt z. B. es sei für den A der gegen den Eigentümer B gerichtete Anspruch auf Einräumung einer Hypothek in Höhe von 10 000 M. durch den Eintrag einer Vormerkung gesichert. B bestellt nun eine Hypothek von 20 000 M. dem C, der sich natürlich mit Hinblick auf den Vormerkungseintrag gefallen lassen muß, daß die dereinst für A einzutragende Hypothek der seinen im Range vorgeht. Schließlich verkauft B das Grundstück an D, der auf grund der Auflassung bücherlich eingetragen wird. Wenn nun jetzt auf grund einer gefälschten Löschungsbewilligung die Vormerkung gelöscht wird, so kann ja dem A in gar keiner anderen Weise geholfen werden als durch die Beseitigung des unrichtigen Löschungseintrags, also durch die Berichtigung des Grundbuchs. Wäre der Eigentumswechsel B—D und die Belastung zu Gunsten des C nicht erfolgt, so könnte A ja einfach eine neue Vormerkung eintragen lassen; gegen den C und D stehen ihm aber keine obligatorischen Ansprüche zu, die er vormerken lassen könnte. Aber auch wenn derartige Verfügungen des B nicht erfolgt sind, kann der A ein erhebliches Interesse daran haben, daß er nicht nötig hat, die Grundlagen für die Eintragung einer neuen Vormerkung zu beschaffen. Für diese müßte er das Bestehen des zu sichernden Anspruchs glaubhaft machen. Aber es kann vorkommen, daß ihm die Mittel zu dieser Glaubhaftmachung dauernd oder vorübergehend entzogen oder wenigstens nicht augenblicklich verwendbar sind (der Zeuge ist ins Ausland verreist, die Urkunde verlegt), während er z. B. ohne weiteres glaubhaft machen kann, daß die Löschungsbewilligung nicht von ihm, sondern von einem Anderen abgegeben worden ist, der fälschlich unter seinem Namen auftrat, sodaß er also mindestens die Eintragung eines Widerspruchs gegen die Vormerkungslöschung erlangen und dadurch die Möglichkeit eines schädigenden Eingriffs des Publizitätsprinzips verhindern würde.

Ähnliche Fälle können da vorkommen, wo ein Widerspruch unrichtigerweise gelöscht ist.

Was endlich die Verfügungsbeschränkung anlangt, so ist nicht einzusehen, warum dem, zu dessen Gunsten sie besteht, nicht der Berichtigungsanspruch zustehen soll, wenn die Verfügungsbeschränkung unrichtigerweise gelöscht oder überhaupt nicht eingetragen ist.

Es kann nicht der Wille des Gesetzes sein, daß in diesen Fällen dem, zu dessen Ungunsten das Grundbuch unrichtig ist, der Berichtigungsanspruch versagt sein soll. Man wird im Gegenteil die Bestimmung des § 894 dahin verallgemeinern müssen, daß jede Unrichtigkeit des Grundbuchs für denjenigen den Berichtigungsanspruch begründet, dessen eintragsfähiges Recht oder Rechtsverhältnis nicht eingetragen oder, wenn eingetragen, durch einen unrichtigen Eintrag beeinträchtigt ist.[1]

IV. Hiernach können wir das Wesen des Berichtigungsanspruchs nicht, wie es die Motive thun, aus der absoluten Natur des dinglichen Rechts erklären. Der Berichtigungsanspruch erklärt sich vielmehr aus den eigentümlichen Wirkungen der Unrichtigkeit. Aus dem Grundsatz, daß der im Vertrauen auf den Grundbuchinhalt Handelnde in diesem Vertrauen geschützt wird, aus der Thatsache, daß der Inhalt des Grundbuchs die Vermutung der Richtigkeit für sich hat und daher die Unrichtigkeit jedenfalls wirtschaftlich schädigend wirken kann, auch wo ein Eingreifen des Vertrauensprinzips ausgeschlossen ist, daraus daß im allgemeinen nur derjenige verfügen kann, der im Grundbuch als Berechtigter eingetragen ist, aus den Unzuträglichkeiten, die mit der Unrichtigkeit im Zwangsversteigerungsverfahren verknüpft sind, endlich aus dem Umstand, daß sich mit dem unrichtigen Buchstand Anspruchsverjährung, Rechtserlöschen und Rechtsersitzung verbinden können, ergiebt sich das eigentümliche grundbuchrechtliche Interesse aller derjenigen, die durch die Unrichtigkeit des Grundbuchs beeinträchtigt sind, an der Beseitigung dieser Unrichtigkeit, an der Berichtigung des Grundbuchs. Aus diesem Interesse, nicht aus der absoluten Natur des dinglichen Rechts erklärt sich der Berichtigungsanspruch. Dieses Interesse hat nicht lediglich der durch die Unrichtigkeit beeinträchtigte Eigentümer, Hypothekar oder sonstige dinglich Berechtigte, sondern ebenso derjenige, zu dessen Gunsten eine Verfügungs-

---

[1] Das letztere ist auch der Fall, wenn ein Widerspruch oder eine Vormerkung unrichtigerweise eingetragen ist. So auch Dernburg S. 144. 153.

beschränkung, eine Vormerkung oder ein Widerspruch besteht, ohne im Grundbuch verlautbart zu sein. Jedes der Eintragung im Grundbuch fähige Recht oder Rechtsverhältnis will im Grundbuch eingetragen, das eingetragene Recht oder Rechtsverhältnis nicht durch unrichtige Einträge beeinträchtigt sein.[1]

V. Das Berichtigungsinteresse begründet den Berichtigungsanspruch. Natürlich ist das dingliche Recht nicht unerheblich für denselben; aus dem materiellen dinglichen Recht ergiebt sich in gewissen Fällen das Berichtigungsinteresse. Aber es bildet nicht die ausnahmslos notwendige Voraussetzung des Anspruchs. Dies trifft nicht bloß in dem Sinne zu, daß auch zu Gunsten von Verfügungsbeschränkungen und unrichtig gelöschten Vormerkungs- bezw. Widerspruchs-Einträgen ein Berichtigungsinteresse und demgemäß der Berichtigungsanspruch anzuerkennen ist, sondern auch in einer anderen Richtung, nämlich hinsichtlich der Frage, ob das Berichtigungsinteresse wirklich vorhandenes dingliches Recht voraussetzt oder ob nicht unter Umständen bloß buchmäßiges Recht genügt.

Berücksichtigen wir, daß die Unrichtigkeit entweder auf grund außerbücherlicher an sich rechtsverändernd wirkender Thatsachen oder durch unwirksame Bucheinträge entsteht, so erkennen wir, daß dem Berichtigungsinteresse genügt wird:

a. entweder durch Verlautbarung der außerbücherlich eingetretenen Rechtsänderung,

b. oder durch Beseitigung des unwirksamen Bucheintrags.

Der Zweck, welchen der Berichtigungsanspruch verfolgt, ist also in den Fällen unter b lediglich die Negation eines Eintrags. In denen unter a verfolgt er zwar formell stets einen positiven Zweck, nämlich die Vollziehung einer bisher unterbliebenen Verlautbarung im Grundbuch, materiell jedoch ist er entweder positiv oder negativ: positiv da, wo der Anspruchsberechtigte ausserbücherlich ein Recht (bezw. die Beschränkung der Verfügungsfreiheit des Eingetragenen)

---

[1] Das den Berichtigungsanspruch erzeugende Interesse ist lediglich aus den grundbuchrechtlichen Verhältnissen zu entnehmen. Unrichtig wäre es, zur Anspruchsbegründung auch noch ein besonderes wirtschaftliches Interesse, einen gegenwärtigen wirtschaftlichen Wert des Rechts zu fordern, dem der Berichtigungsanspruch dient. Von dieser Ansicht scheint Staffel auszugehen, wenn er S. 210 (am Schluß von Ziffer 1) davon spricht, daß ein Hypothekengläubiger, der auch bei Löschung einer vorausgehenden zu Unrecht eingetragenen Post auf Befriedigung nicht rechnen könne, aus abgetretenen Rechten seines Vormannes klagen wolle, dessen Recht durch den unrichtigen Eintrag thatsächlich gefährdet ist. Der nachstehende Gläubiger braucht sich nicht den Anspruch seines Vormannes abtreten zu lassen (ob dies überhaupt möglich ist, bleibe hier unerörtert), er hat ja selbst den Berichtigungsanspruch auf grund des aus seiner bücherlichen Rechtsstellung sich ergebenden Berichtigungsinteresses.

erlangt hat, negativ da, wo ein belastendes Recht, eine Verfügungsbeschränkung, der vorgemerkte Anspruch weggefallen ist und nun die berichtigende Löschung erfolgen soll.

Das Berichtigungsinteresse setzt nun wirklich vorhandenes materielles Recht (sei es dingliches Recht, seien es die in der Beschränkung der Verfügung eines Anderen bestehenden Rechtsvorteile) notwendigerweise nur in denjenigen Fällen voraus, wo die ausserbücherlich eingetretene Rechtserwerbung bezw. Verfügungsbeschränkung verlautbart werden soll, wo also der Berichtigungsanspruch in dem eben dargelegten Sinn materiell positiven Zweck verfolgt. In diesen Fällen macht er eintragsfähiges Recht bezw. Rechtsverhältnis zum Zwecke der Eintragung geltend.

In allen anderen Fällen handelt es sich lediglich um ein Ankämpfen gegen den zu Gunsten eines Anderen bestehenden Bucheintrag zwecks seiner Beseitigung, sei's weil der Bucheintrag unwirksam war, sei's weil das eingetragene Recht (im weiteren Sinne) nachträglich weggefallen ist. Hier ergiebt sich das Berichtigungsinteresse ohne weiteres aus der Eintragung des Berichtigungsinteressenten im Grundbuch, sei es daß sie noch besteht, nur beeinträchtigt durch die unrichtigerweise eingetragene Belastung, Beschränkung oder Vormerkung, sei es daß sie durch den unwirksamen Bucheintrag verdrängt ist. Mit anderen Worten: es genügt in diesen Fällen zur Begründung des Berichtigungsinteresses das bloße Buchrecht. Daraus folgt, daß in diesen Fällen dem Berichtigungskläger nicht der Einwand entgegengesetzt werden kann, es stehe ihm das durch den ihm günstigen Eintrag verlautbarte Recht materiell nicht zu.

Es kann also derjenige, für den unrichtigerweise eine Verfügungsbeschränkung gegen den als Eigentümer eingetragenen A verlautbart ist, gegen den Berichtigungsanspruch nicht geltend machen, A sei nicht der wirklich berechtigte Eigentümer, z. B. weil er die Auflassung nicht von dem eingetragenen Vorgänger, sondern von einem sich fälschlich für diesen ausgebenden Dritten erlangt habe. Die Frage, ob bei dem A materielles oder bloß buchmäßiges Eigentum vorliegt, ist für die Frage der Richtigkeit oder Unrichtigkeit der seine Verfügung beschränkenden Verlautbarung gänzlich belanglos.

Nicht anders liegt der Fall, wenn der A die Löschung eines belastenden Rechts, etwa eines Nießbrauchs, im Wege der Buchberichtigung begehrt. Gelingt dem A im Prozeß der Nachweis, daß der Nießbrauch zu Unrecht eingetragen ist, so muß der unrichtig eingetragene Nießbraucher zur Bewilligung der Löschung verurteilt werden. Ob dem A materiell das Eigentum zusteht oder nur buchmäßig, das ist gleichgiltig: sein Recht wird zweifellos durch den unrichtigen Nießbraucheintrag beeinträchtigt.

Dasselbe wird man aber endlich auch in dem Fall sagen müssen, wenn A mit dem Berichtigungsanspruch die Beseitigung des Eintrags fordert, durch den unrichtigerweise der Übergang des Eigentums auf den X verlautbart ist. Auch hier genügt zur Begründung des Berichtigungsinteresses die Thatsache, daß die Eintragung des A bestanden hat, bis sie durch den Eintrag des X verdrängt wurde. Das Bucheigentum des A ist nicht mehr eingetragen im Sinne des § 894 B.G.B., folglich steht dem A der Berichtigungsanspruch zu, wenn die Eintragung des X unrichtig ist. A macht mit dem Berichtigungsanspruch nicht geltend, daß er selbst der wirklich berechtigte Eigentümer sei, er ficht lediglich die Richtigkeit des zu Gunsten des X bewirkten Eintrags an, macht dessen Unrichtigkeit geltend.[1]

Das Bedürfnis, dem bloßen buchmäßigen Recht Schutz gegen beeinträchtigende Unrichtigkeit zu gewähren, kann sich praktisch sehr wohl fühlbar machen. Es ist der Fall sehr wohl denkbar, daß z. B. der im Grundbuch eingetragene Eigentümer, der sich zugleich thatsächlich im Eigenbesitz des Grundstücks befindet, nicht in der Lage ist, sein materielles Recht nachzuweisen (er hat z. B. die Auflassung von dem wegen Geisteskrankheit entmündigten Vorbesitzer ohne Mitwirkung von dessen Vormund erlangt, die Auflassung seiten des letzteren aber nicht nachgeholt). Infolgedessen muß ihm daran liegen, seine Eintragung im Grundbuch unverkümmert zu erhalten, damit er gemäß § 900 B.G.B. das Eigentum durch Tabularersitzung erwerben kann. Soll ihm diese Möglichkeit abgeschnitten werden, wenn er aus seiner grundbücherlichen Rechtsstellung von einem zweifellos unberechtigten Dritten durch einen unrichtigen Eintrag verdrängt wird?

Man wird nicht mit Erfolg behaupten können, daß der § 894 zur Begründung des Berichtigungsinteresses notwendigerweise vorhandenes materielles Recht voraussetze. Das Wort „Recht“ kommt in § 894 an verschiedenen Stellen vor:

§ 894. Steht der Inhalt des Grundbuchs in Ansehung eines (a) Rechtes an dem Grundstück .... mit der wirklichen Rechts-

---

[1] Natürlich könnte der A den Anspruch nicht darauf stützen, daß er selbst nicht wirklicher Eigentümer sei und daß das dem X bei der mängelfrei erfolgten Auflassung bekannt gewesen sei, sodaß X mangels Eingreifens des Publizitätsprinzips nicht Eigentümer geworden sei. Denn A ist an die mit der Auflassung vertragsmäßig abgegebene Erklärung gebunden, auf grund deren ihm gegenüber der X das Recht hat, den ihm eingeräumten grundbücherlichen Rechtsstaud zu behaupten.

lage nicht im Einklange, so kann derjenige, dessen (b) Recht nicht .... eingetragen .... ist, die Zustimmung zu der Berichtigung des Grundbuchs von demjenigen verlangen, dessen (c) Recht durch die Berichtigung betroffen wird.

Wir wollen nur die mit a, b und c bezeichneten Stellen näher betrachten.

Bei c ist unter „Recht“ zweifellos nicht lediglich das wirklich vorhandene, materielle Recht zu verstehen, sondern auch das bloße Buchrecht, das eben gerade in den wichtigsten Fällen materielles Recht nicht repräsentiert. In dem oben (S. 58) angeführten Beispiel ist X derjenige, „dessen Recht durch die Berichtigung betroffen wird“, also ein nur buchmäßig Berechtigter. Und doch kann hinter dem durch die Berichtigung betroffenen Buchrecht materielles Recht stehen, so z. B. ist dem durch unrichtige Löschung aus dem Buch verdrängten Hypothekengläubiger gegenüber der eingetragene Eigentümer derjenige, dessen Recht durch die beanspruchte Berichtigung betroffen wird, und selbstverständlich kann dieser ebensowohl wirklicher wie bloß buchmäßiger Eigentümer sein.

Bei a bezeichnet „Recht“ nicht nur das durch die Unrichtigkeit beeinträchtigte Recht, sondern auch das zu Unrecht eingetragene, durch die Berichtigung zu beseitigende, wie aus der Zusammenstellung mit der Verfügungsbeschränkung erhellt, die ja nach dem Wortlaut des die Aktivlegitimation feststellenden Relativsatzes nur als unrichtigerweise eingetragene in Frage kommen kann.

Warum dagegen in diesem Relativsatz bei b „Recht“ lediglich im Sinne wirklich vorhandenen, materiellen Rechtes unter Ausschließung des bloßen Buchrechts aufzufassen sein sollte, ist nicht einzusehen.

VI. Der Berichtigungsanspruch, wie er sich nach vorstehender Auffassung darstellt, fordert in mehrfacher Beziehung die Vergleichung mit dem prozessualen Feststellungsanspruch[1] heraus. Zwar sind beide verschiedener Natur: der Feststellungsanspruch prozessual, daher öffentlichrechtlich, der Berichtigungsanspruch aber dem Privatrecht, nämlich dem materiellen Grundbuchrecht angehörend. Auch finden sie dementsprechend in verschiedener Weise Befriedigung: der Feststellungsanspruch durch den Akt der Staatsgewalt, nämlich durch das richterliche Feststellungsurteil, der Berichtigungsanspruch durch die vom Gegner in der gehörigen Form — allerdings zwecks Ermöglichung eines Aktes der Staatsgewalt, nämlich der grundbücherlichen Verlautbarung — abgegebene Eintragsbewilligung. Ihr Entstehungsgrund und der ihnen innewohnende Zweck ist aber bei

[1] Wach, Der Feststellungsanspruch. Leipzig 1889.

beiden ein ähnlicher: beide sind begründet in der Rechtsgefährdung, beide bezwecken deren Beseitigung und machen entweder positiv vorhandenes eigenes Recht (der Feststellungsanspruch als des Schutzes durch richterliche Feststellung bedürftig, der Berichtigungsanspruch als der Eintragung bedürttig) oder negativ die Nichtexistenz eines angemaßten gegnerischen Rechts geltend.

VII. Die Frage, ob der Berichtigungsanspruch dinglicher Anspruch sei oder nicht, ist m. E. eine rein terminologische. In dem Sinne, daß er der aus dem dinglichen Recht hervorgehende Anspruch sei, müssen wir diese Bezeichnung ablehnen. Daß er im Konkurs wie ein dinglicher Anspruch voll zur Befriedigung gelangt und nicht etwa als Konkursforderung zu behandeln ist, darüber kann kein Zweifel bestehen. Denn er macht nicht eine persönliche, auf einem Forderungsrecht beruhende Verpflichtung des Gegners geltend, er will nicht Rechtsübertragung, nicht Änderung des materiellen Rechtsstands herbeiführen, sondern nur entweder bestehendem uneingetragenen Recht zur Eintragung verhelfen oder einen der wirklichen Rechtslage nicht entsprechenden Bucheintrag beseitigen.

---

§ 9. Schranken des Berichtigungsanspruchs.

Der Berichtigungsanspruch unterliegt gewissen Beschränkungen. Als wichtigste macht sich das Publizitätsprinzip geltend. Es giebt weiterhin Fälle, in denen der unrichtige Buchstand ohne Bucheintrag richtig wird und damit der Berichtigungsanspruch wegfällt. Endlich ist zu untersuchen, welche Wirkungen dem Verzicht auf den Anspruch zukommen und ob bezw. welche Einreden ihm entgegengestellt werden können.

I. Wir wenden uns zunächst dem Publizitätsprinzip zu. Vermöge dieses Prinzips gilt zu Gunsten des rechtsgeschäftlichen Erwerbers eines dinglichen Rechts der Grundbuchinhalt als richtig, es sei denn, daß ein Widerspruch gegen die Richtigkeit eingetragen oder die Unrichtigkeit dem Erwerber bekannt ist. Als richtig gilt der Buchstand: es wird zu Gunsten des Geschützten so angesehen, als repräsentiere der Buchstand die wirkliche Rechtslage. Hieraus folgt, daß, wenn das Recht des Erwerbenden eingetragen wird, zu Ungunsten dieses Rechts eine Berichtigung des bisherigen Buchstandes nicht mehr stattfinden kann. Der Buchstand gilt aber nur als richtig; es ist nicht gesagt: das Grundbuch wird richtig, ist richtig. Die Unrichtigkeit bleibt an sich bestehen, sie wird nicht etwa völlig beseitigt: nur zu Ungunsten des Erwerbers kann sie nicht mehr geltend gemacht werden. Gegen den nach § 892 Geschützten findet kein Berichtigungsanspruch statt.

Nehmen wir z. B. an, es laste auf dem Grundstück des E eine für den A eingetragne Hypothek von 6000. Diese wird zufolge einer gefälschten Löschungsbewilligung unrichtigerweise gelöscht. Der E bestellt hierauf dem B, der von der Unrichtigkeit des Buchstands keine Kenntnis hat, eine Hypothek von 7000, die eingetragen wird. Der im Grundbuch vorhandene Löschungseintrag ist unrichtig, er gilt aber zu Gunsten des B als richig. Kann A die Berichtigung des Buches verlangen? Zweifellos; nur nicht zu Ungunsten des B. Die Berichtigung kann erfolgen, nur freilich unbeschadet der Rechte des B. Die Unrichtigkeit des Grundbuchs, welche anfänglich eine absolute war, ist nach der Eintragung des B eine relative geworden: dem B gegenüber ist der Grundbuchinhalt richtig, den derselbe vorgefunden hat. Wird nunmehr die Berichtigung durchgeführt und die unrichtigerweise gelöschte Hypothek des A wiederhergestellt, so kann dies nur mit dem Erfolg geschehen, daß die Hypothek des A derjenigen des B im Range nachsteht.[1] Gesetzt also, es wären die beiden Hypotheken (des A und des B) die einzige Belastung des Grundstücks, so würde bei einer Zwangsversteigerung der Erlös bis zur Höhe von 7000 zunächst zur Deckung der Forderung des B, erst der überschießende Betrag zur Befriedigung des A verwendet werden können.

Denken wir uns im obigen Falle, daß noch vor der unrichtigen Löschung der Hypothek des A an zweiter Stelle eine Hypothek von 8000 für den C eingetragen würde, dann erfolge die Löschung des A, sodaß der B in dem Augenblick, wo er die Eintragung seiner Hypothek von 7000 beantragt, aus dem Buche nur eine Vorbelastung von 8000 ersieht. Nach der Eintragung des B erfährt A von der unrichtigen Löschung und verlangt nun deren Beseitigung. Die hierzu nötige Berichtigungsbewilligung kann er von dem E und C verlangen, nicht jedoch von dem gutgläubigen B. Das hat zur Folge, daß die Berichtigung des Grundbuchs — die Beseitigung der unrichtigen Löschung — nur unbeschadet der Rechte des B erfolgen kann. Für das Rangverhältnis der drei Hypotheken hat das folgende Wirkung: der B muß sich gefallen lassen, daß ihm die Forderung des C vorgeht, nicht aber auch die des A. Der C muß sich gefallen lassen, daß er erst hinter einem Rechte im Betrage der Forderung des A zur Hebung kommt, mehr braucht er sich nicht

[1] Das muß natürlich in dem Berichtigungseintrag zum Ausdruck gebracht werden.

vorgehen zu lassen. Der A endlich kommt zwar, soweit der B nicht konkurriert, vor dem C zur Befriedigung; sowie aber B konkurriert, muß er zurückstehen.

Bei einer Versteigerung des Grundstücks würde also der Erlös folgendermaßen auf A, C und B zu verteilen sein:

Beträgt der Erlös	so entfallen auf A	C	B
1—6000	1—6000	—	—
7000	6000	1000	—
8000	6000	2000	—
9000	5000	3000	1000
10000	4000	4000	2000
11000	3000	5000	3000
12000	2000	6000	4000
13000	1000	7000	5000
14000	—	8000	6000
15000	—	8000	7000
16000	1000	8000	7000
17000	2000	8000	7000
18000	3000	8000	7000

u. s. f.

Die Wirkungen sind also dieselben, als hätte der Eigentümer E zunächst die Hypothek des C bestellt und dabei gemäß § 881 B.G.B. sich die Befugnis vorbehalten, eine Hypothek in der Höhe wie die des A mit dem Rang vor jener Hypothek des C eintragen zu lassen, als sei dann weiter die Hypothek des B ohne einen entsprechenden Vorbehalt bestellt und darauf erst die vorbehaltene Hypothek für A eingetragen worden. Denn nach § 881 Abs. 4 hat in diesem Fall der Vorrang der Hypothek des A gegenüber derjenigen des C insoweit keine Wirkung, als die Hypothek des C infolge der inzwischen erfolgten Eintragung der Hypothek für den B eine über den Vorbehalt hinausgehende Beeinträchtigung erleiden würde.[1]

Eine nur teilweise Einschränkung des Berichtigungsanspruchs tritt infolge des Publizitätsprinzips auch dann ein, wenn der unrichtigerweise als Berechtigter Eingetragene das für ihn eingetragene Recht, das in Wirklichkeit überhaupt nicht besteht oder einem

[1] Auf den § 881 Abs. 4 und auf dessen vielfache völlige Verkennung in der Litteratur, die teilweise auch in den fehlerhaften Beispielen der Protokolle ihren Grund hat, muß ich mir leider versagen, hier näher einzugehen.

Andren zusteht, zu Gunsten eines gutgläubigen Dritten belastet. Es kann dann der Berichtigungsanspruch eben nur unbeschadet der Rechte dieses Dritten geltend gemacht werden.

In andren Fällen kann der Berichtigungsanspruch allerdings eine derartige Einschränkung erfahren, daß seine Geltendmachung überhaupt ausgeschlossen sein kann. So, wenn jemand ein Recht an einen gutgläubigen Dritten veräußert, das für ihn eingetragen ist, in Wirklichkeit aber gar nicht besteht. Ähnlich ist es in dem Falle, wenn ein belastendes Recht unrichtigerweise gelöscht wird und nun ein gutgläubiger Erwerb des in Wirklichkeit belasteten, dem Buchstande nach aber lastenfreien Rechts erfolgt. Ist — um zu dem obigen Beispiel zurückzukehren — die Hypothek des A zu Unrecht gelöscht und erwirbt X das Grundstück von dem E im Vertrauen auf die Richtigkeit der Löschung, so erwirbt er das Grundstück frei von der Belastung durch die Hypothek des A, und es kann der A ihm gegenüber den Berichtigungsanspruch nicht geltend machen. Immerhin wird man nicht sagen können, daß dadurch die Hypothek des A untergegangen sei.[1] Es kann wohl keinem Zweifel unterliegen, daß sich der X mit dem A einigen und ihm die Berichtigung des Grundbuchs bewilligen kann, sodaß dann der A in der Lage ist, seinen Berichtigungsanspruch auch gegenüber denjenigen Nachhypothekaren geltend zu machen, welche bei ihrer Eintragung die Hypothek des A als eingetragen und ihnen im Range vorausgehend vorfanden. Wäre die Hypothek des A durch den Eigentumserwerb des X endgiltig untergegangen, so wäre die Beseitigung der ursprünglich unrichtigen Löschung nur im Sinne der Neubestellung einer Hypothek für den A möglich; diese müßte natürlich den inzwischen vorgerückten Nachhypothekaren im Range nachstehen. Wirkt aber das Publizitätsprinzip lediglich zu Gunsten des X, so beschränkt es auch den Berichtigungsanspruch des A nur gegenüber dem X und läßt den Berichtigungsanspruch gegen die Nachhypothekare, welche nicht im Vertrauen auf die Löschung erworben haben, völlig unberührt. Setzt der A seinen Berichtigungsanspruch gegen die Nachhypothekare durch, so kann er mit Hilfe der Bewilligung des X die Beseitigung der unrichtigen Löschung erlangen. Das kann freilich zu recht wunderbaren Ergebnissen führen: Der X wird, wenn das Grundstück stark mit Hypotheken belastet ist, die der des A im Range nachstanden, sehr wohl geneigt sein, die Berichtigung zu bewilligen, wenn ihm der A eine gewisse Gratifikation gewährt, z. B. ihm die Hypothek zur Hälfte abtritt; A wird froh sein, auf diesem Wege wenigstens die Hälfte seiner

[1] Wie dies **Endemann** S. 63 unter III. thut.

Forderung zu retten. Da kann es freilich auch dazu kommen, daß dem X oder dem A Trinkgelder von den Nachhypothekaren angeboten werden, damit eine Einigung der beiden nicht zustandekommt; mancher Nachhypothekar wird vielleicht lieber eine Abstandssumme zahlen, als sich seine Rangstellung um den vollen Betrag der gelöschten Hypothek verschlechtern lassen. Diese Ergebnisse sind vielleicht nicht befriedigend, aber kaum zu vermeiden.

Die dargelegten Wirkungen des Publizitätsprinzips schaffen gegenüber dem Berichtigungsanspruch nicht lediglich eine Einrede, sondern von vornherein eine Begrenzung. Wird der Berichtigungsanspruch gegen einen solchen geltend gemacht, der auf Grund des unrichtigen Buchstands ein Recht am Grundstück oder ein Recht an einem solchen Recht durch Rechtsgeschäft erworben hat, so ist es nicht etwa Sache des Beklagten, zu behaupten und zu beweisen, daß er die Unrichtigkeit des Grundbuchs nicht kannte. Vielmehr kann es nach der Fassung des § 892 keinem Zweifel unterliegen, daß in diesem Fall der den Berichtigungsanspruch Erhebende zu dessen Begründung zu behaupten und daher auch zu beweisen hat, entweder daß ein Widerspruch im Grundbuch eingetragen war oder daß dem Gegner die Unrichtigkeit in dem maßgebenden Zeitpunkt bekannt war. Denn § 892 stellt als Regel den Satz auf, daß zu Gunsten des rechtsgeschäftlichen Erwerbers der Grundbuchinhalt als richtig gilt. Die Ausnahme von diesem Satz will das Gesetz bezeichnen, wenn es fortfährt: es sei denn, daß ein Widerspruch gegen die Richtigkeit eingetragen oder die Unrichtigkeit dem Erwerber bekannt ist. Es wird also im einzelnen Fall, wenn nicht ein Widerspruch eingetragen war, vermutet, daß ein durch das Publizitätsprinzip geschützter Erwerb vorliegt.

II. Eine weitere Schranke des Berichtigungsanspruchs bildet die Möglichkeit der nachträglichen Konvaleszenz des ursprünglich unrichtigen Bucheintrags.

1. In dieser Beziehung können wirksame Verfügungen eines Berechtigten vorliegen, durch welche der dem Bucheintrag entsprechende Rechtsstand herbeigeführt wird. Nach § 879 Abs. 2 B.G.B. kann es keinem Zweifel unterliegen, daß die nach § 873 erforderliche Willenseinigung auch erst nach der Eintragung zustandekommen kann; ist dies der Fall, dann tritt eben erst mit dieser Willenseinigung die eingetragene Rechtsänderung ein. Das gilt aber nicht nur für die Willenseinigung des § 873, sondern auch für alle übrigen Willenserklärungen. Ist also eine Eintragung erfolgt, ohne daß zunächst die erforderlichen Willenserklärungen wirksam vorlagen, so kann der ursprünglich unwirksame Bucheintrag nachträglich dadurch zu einem giltigen werden, daß die fehlenden Willens-

erklärungen nachgeholt werden. Dies wird um so leichter geschehen können, als weder der dingliche Vertrag noch die sonstigen Erklärungen im allgemeinen einer besonderen Form bedürfen und nur für die Auflassung und die ihr gleichstehenden Akte eine solche Form vorgeschrieben ist. So kann z. B. der Hypothekar H, zu dessen Gunsten eine Hypothek auf Grund nichtiger Eintragsbewilligung des Bucheigentümers A verlautbart worden ist, dem die Berichtigungsbewilligung beanspruchenden A entgegenhalten, daß derselbe nachträglich mit ihm dahin einig geworden sei, daß die Hypothek für ihn bestehen solle, oder aber er kann geltend machen, daß gar nicht der A Eigentümer sei, sondern der B und daß der B ihm in giltiger Weise die Hypothek bestellt habe.

Auch kann die an sich unwirksame Verfügung eines Nichtberechtigten gemäß B.G.B. 185 Abs. 2 nachträglich durch die Genehmigung des Berechtigten oder dadurch wirksam werden, daß der Verfügende das zu der Verfügung legitimierende Recht erwirbt oder von dem Berechtigten als unbeschränkt haftenden Erben beerbt wird.

Es fragt sich, ob eine Konvaleszenz des unrichtigen Buchstands durch Rechtsgeschäft auch dann herbeigeführt werden kann, wenn die Unrichtigkeit in der unterbliebenen Verlautbarung außerbücherlich erfolgter Rechtsänderungen ihren Grund hatte. Wenn z. B. der Eigentümer eine Grundschuld, über die kein Brief erteilt worden ist, durch die Auszahlung des Gläubigers erworben hat und diese nun wieder an den noch eingetragenen Berechtigten übertragen will, ist es dann erforderlich, daß erst der Übergang auf den Eigentümer verlautbart und dann die Übertragung auf den Gläubiger eingetragen werde oder genügt die Thatsache, daß der Gläubiger noch als Berechtigter im Grundbuch steht? Berücksichtigt man die dem Eintrag in den Fällen des § 873 zukommende konstitutive Wirkung, so muß man sagen, daß zu dieser Wirkung ein ihr speziell dienender Eintrag erforderlich ist und daß dazu nicht ein Eintrag verwendet werden kann, der bereits einem andren Zwecke wirksam gedient hat. Der Fall liegt hier anders als bei ursprünglicher Unwirksamkeit des Eintrags: dort wird einem Eintrag, der noch gar keine rechtlichen Wirkungen hervorgebracht hat, durch den Hinzutritt der erforderlichen Willenserklärungen Rechtswirksamkeit verliehen.

Zur Aufgabe eines ohne Eintrag entstandenen und auch nicht nachträglich eingetragenen Rechts (man denke an §§ 1075. 1287 B.G.B., siehe oben S. 22) wird allerdings Eintragung und Löschung nicht erforderlich sein, vielmehr der Rechtsuntergang ohne weitres durch die Aufgabeerklärung herbeigeführt werden. Denn die Löschung hat nur einen negativen Zweck, sie will nur das Dasein des

Rechts im Grundbuch beseitigen, sie ist daher nicht erforderlich, wenn das Recht gar nicht eingetragen ist.

2. Nachträgliche Konvaleszenz tritt sodann in den Fällen des Rechtserwerbs durch Tabularersitzung und des Rechtsuntergangs infolge Anspruchsverjährung auf Grund der §§ 900. 901 B.G.B. ein, mit denen wir uns bereits oben S. 39 f. beschäftigten.

In allen Fällen nachträglicher Konvaleszenz des ursprünglich unrichtigen Bucheintrags fällt der ursprünglich begründete Berichtigungsanspruch mit dem Richtigwerden des Buchstandes weg. Wer sich also auf die Konvaleszenz beruft, macht nicht eine Einrede im materiellen Sinne, sondern eine anspruchsvernichtende Thatsache geltend.

III. Wir haben weiter zu untersuchen, welche Wirkungen dem Verzicht auf den Berichtigungsanspruch zukommen.

1. Derselbe wird in der Regel bezwecken, dem Anspruchsgegner diejenige Rechtsstellung zu verschaffen, die dem vorhandenen Buchstand entspricht, also eine Konvaleszenz des unrichtigen Buchstandes herbeizuführen. Von dieser Wirkung wird er auch dann begleitet sein, wenn und soweit diejenigen rechtsgeschäftlichen Erklärungen, welche die Konvaleszenz zu bewirken geeignet sind, in ihm zu finden oder mit ihm verbunden sind. Es ist insoweit auf das unter II. 1. Ausgeführte zu verweisen. Hervorgehoben sei noch besonders die Bestimmung des § 185 Abs. 2. Hat auf Grund des unrichtigen Buchstands eine weitere Eintragung stattgefunden, die nicht durch das Vertrauensprinzip geschützt ist (weil der Erwerbende die Unrichtigkeit kannte oder ein Widerspruch eingetragen war oder weil ein Rechtserwerb im Wege der Zwangsvollstreckung wegen einer Geldforderung vorlag), so werden durch den Verzicht auf den Berichtigungsanspruch die Mängel dieser weiteren Eintragung ohne weiteres behoben, soweit sie eben lediglich darin bestanden, daß der zu Grunde liegende Buchstand unrichtig war; in dem Verzicht liegt die Genehmigung des § 185 Abs. 2. Es ist daher unrichtig, im Anschluß an die in der zweiten Kommission ausgesprochene Meinung (Prot. III. S. 112) anzunehmen, eine gegen den eingetragenen Widerspruch verstoßende Veräußerung oder Belastung sei nichtig.[1] Wäre dies der Fall, so müßte z. B. die von dem eingetragenen Eigentümer B zu Gunsten des C vorgenommene Auflassung wiederholt werden, wenn der wirkliche Eigentümer A auf den Berichtigungsanspruch verzichtet und den gegen den Eintrag des B ins Grundbuch gebrachten Widerspruch löschen läßt. Die Ver-

[1] So Böhm S. 42, Kober S. 54; richtig dagegen Dernburg S. 152.

fügung des B war nicht nichtig, sondern nur gegenüber dem A unwirksam.

2. Soweit der Verzicht die Konvaleszenz des Buchstandes nicht herbeiführt, ist er doch nicht völlig wirkungslos.

a. Zunächst wird man wohl sagen können, daß derjenige, welcher auf den Berichtigungsanspruch und damit auf Eingriffe in den bestehenden Buchstand verzichtet, diesen damit der freien Verfügung des Anspruchsgegners überläßt. Wo also die anspruchsbegründende Unrichtigkeit darin beruht, daß ein Andrer als der wirklich Berechtigte als Träger des Rechts im Grundbuch steht, wird in dem Verzicht des Berechtigten auf den Berichtigungsanspruch jedenfalls die generelle Einwilligung in die von dem Eingetragenen zu treffenden Verfügungen über das ihm in Wirklichkeit nicht zustehende Recht zu erblicken sein. Dies hat gemäß § 185 Abs. 1 B.G.B. zur Folge, daß die Verfügungen des Eingetragenen wirksam sind, ebenso als wären sie von dem wirklich Berechtigten getroffen, auch wenn derjenige, zu dessen Gunsten die Verfügung getroffen wird, die Unrichtigkeit des Grundbuchs kennt.

b. Im übrigen kann dem Verzicht, selbst wenn er in der Form des Vertrags zwischen dem Anspruchsberechtigten und dem Gegner auftritt, nicht die Wirkung zugesprochen werden, daß er den Berichtigungsanspruch schlechthin vernichtet. Solange dem Anspruchsberechtigten das von ihm außerbücherlich erworbene materielle Recht zusteht, auf welchem der Berichtigungsanspruch beruht (oben S. 57), bez. solange nicht der unwirksame Bucheintrag oder die unrichtig gewordene Rechtseintragung durch Konvaleszenz richtig geworden ist, solange besteht auch — trotz des Verzichtes — der Berichtigungsanspruch. Nur ist der Anspruchsberechtigte durch den Verzichtsvertrag obligatorisch gebunden, sich der Geltendmachung des Anspruchs zu enthalten. Der Anspruchsgegner kann der gleichwohl erfolgenden Geltendmachung des Berichtigungsanspruchs die Einrede des Verzichts entgegenstellen, und er wird damit die Abweisung der Klage erreichen.

Im Konkurse des Anspruchsberechtigten zeigt sich allerdings, daß diese Einrede nur auf obligatorischem Recht beruht: sie begründet alsdann nur eine Konkursforderung. Gesetzt z. B. A hat als Vorerbe das Eigentum an der zum Nachlafs gehörigen Villa erlangt und ist eingetragen. B, der als Nacherbe unter einer bestimmten Bedingung eingesetzt ist, vereinbart nach Eintritt dieser Bedingung mit dem A, dafs dieser die ihm lieb gewordene Villa gegen eine Entschädigung behalten soll. Es findet keine Eintragung im Grundbuch, auch keine Auflassung statt, A bleibt unverändert eingetragen. Das dem B mit dem Nacherbfall zugefallene Eigentum

5*

ist dadurch auf den A nicht übergegangen. Würde aber B den Berichtigungsanspruch gegen A geltend machen, so würde dieser auf Grund seines obligatorischen Anspruchs aus der getroffenen Vereinbarung die Abweisung der Klage erreichen; nicht jedoch, wenn B in Konkurs verfiele und nun der Konkursverwalter den Berichtigungsanspruch erhöbe: diesem wäre stattzugeben und A auf die Geltendmachung einer Konkursforderung aus dem mit B getroffenen Abkommen zu verweisen.[1]

IV. Der Verzicht führt uns zu den materiellen Einreden überhaupt, welche dem Berichtigungsanspruch entgegengesetzt werden können.

1. Wie die im Wege des vertragsmäßigen Verzichts übernommene Verpflichtung, den Berichtigungsanspruch nicht geltend zu machen, eine Einrede gegen denselben begründet, so wird man eine solche aus jedem Vertrag entnehmen, aus welchem der nach § 894 Verpflichtete gegenüber dem die Berichtigung Suchenden einen obligatorischen Anspruch darauf hat, in seiner grundbücherlichen Rechtsstellung belassen zu werden. Man denke z. B. an den Fall, dafs derjenige, welcher den Berichtigungsanspruch erhebt, dem Beklagten, den er aus dem Buche verdrängen will, das für diesen eingetragene Recht verkauft oder geschenkt habe und daß zwar der obligatorische Kauf- oder Schenkungsvertrag giltig zustande gekommen, die dingliche Rechtsübertragung jedoch nicht wirksam erfolgt sei. Über die Wirkung der Einrede gegenüber dem Konkurs des Berichtigungssuchenden ist hier dasselbe zu sagen wie bei der Verzichtseinrede.

2. Eine dilatorische Einrede ergiebt sich aus G.B.O. 23. Ist ein Recht auf die Lebenszeit des Berechtigten beschränkt, so können nach dessen Tode seine Rechtsnachfolger die Löschung — also die Berichtigung des Grundbuchs — solange verweigern, als noch Leistungen rückständig sind. Entsprechendes gilt nach G.B.O. 24, wenn ein Recht sonst mit dem Eintritt eines bestimmten Zeitpunktes oder Ereignisses erlischt.

3. Wir kommen zu der Einrede der Verjährung. Dieser hat das B.G.B. in § 898 den Berichtigungsanspruch ausdrücklich entzogen.

Der erste Entwurf schwieg über die Frage der Verjährung des Berichtigungsanspruchs. In den Motiven (III S. 254) wird ihre

---

[1] Nach dem, was Dernburg S. 263 (in § 91 unter Nr. 3) zur rei vindicatio ausführt, ist allerdings anzunehmen, daß er im obigen Fall auch der Berichtigungsklage des Konkursverwalters gegenüber die Einrede durchdringen lassen würde.

Entscheidung der Wissenschaft und Praxis überlassen. Nach den Ausführungen auf S. 255 a. a. O. und insbesondre auf S. 310 ist aber anzunehmen, dafs die Motive den Berichtigungsanspruch für verjährbar hielten.

Bei der Beratung der zweiten Kommission sind über diese Frage erhebliche Meinungsverschiedenheiten zu Tage getreten (vgl. Protokolle III S. 104 ff.). Auf Grund der gefaßten Beschlüsse stellte die Redaktionskommission zunächst als Absatz 3 des § 843 erster (= § 813 zweiter) Lesung folgende Bestimmung auf:

„Der Berichtigungsanspruch unterliegt nicht der Verjährung; er kann jedoch nicht mehr geltend gemacht werden, wenn der Anspruch auf Herstellung des der wirklichen Rechtslage entsprechenden Zustandes verjährt ist.“

Nachdem jedoch die den §§ 900, 901 B.G.B. entsprechenden Vorschriften beschlossen waren, wurde der zweite Halbsatz der obigen Bestimmung gestrichen, weil nach Ansicht der Kommission dessen Inhalt durch jene Vorschriften gedeckt sei (Protokolle IV, S. 589). Hierbei ist jedoch offensichtlich der durch die §§ 900, 901 B.G.B. nicht betroffene Fall übersehen, wo materielles Eigentum, Bucheigentum und Eigenbesitz am Grundstück in drei Personen auseinandergehen. Ist A wirklicher Eigentümer, B (z. B. auf Grund nichtiger Auflassung) unrichtigerweise als Eigentümer eingetragen, C aber Besitzer des Grundstücks, so würde nach der Auffassung der zweiten Kommission (wie sie wenigstens in den Protokollen Bd. III S. 105, 193 zum Ausdruck kommt) der Herausgabeanspruch des A gegen den C von dem Zeitpunkt an der Verjährung unterliegen, wo A im Grundbuch durch den B verdrängt ist. Nach dem ursprünglich beschlossenen Absatz 3 zu § 843 erster Lesung würde mit der Verjährung des Anspruchs gegen C auch die Geltendmachung des Berichtigungsanspruchs gegen B ausgeschlossen gewesen sein. Da nun aber der Inhalt der Kommissionsberatungen nicht Gesetz ist, so geht es auch nicht an, den Satz als geltendes Recht hinzustellen, dafs der an sich unverjährbare Berichtigungsanspruch nicht mehr geltend gemacht werden könne, wenn der Hauptanspruch verjährt sei (wie dies z. B. Endemann S. 245 ff., 256, Kober S. 53 zu § 898 thun). Denn dieser Satz ist durchaus positiver Natur, er versteht sich keineswegs von selbst. Seine Anwendung ergiebt übrigens in dem obigen Fall durchaus kein befriedigendes Resultat: weder B noch C werden durch die Verjährung Eigentümer; A behält dann das nackte Eigentumsrecht ohne die Möglichkeit, Besitz oder Buchberichtigung zu erlangen; C hat lediglich den Besitz, ohne über das Grundstück verfügen zu können; B steht im Grundbuch, kann aber gegen C auf Herausgabe des Grundstücks nicht erfolgreich klagen, wenn diesem der Beweis gelingt, daß B nicht Eigentümer ist; trifft er Verfügungen über das Recht, so begeht er eine rechtswidrige Handlung.

Wir haben uns lediglich an die positive Vorschrift des § 898 zu halten, wonach die Verjährung des Berichtigungsanspruchs eben ausgeschlossen ist. Geht man also im obigen Beispiel davon aus, daß von der unrichtigen Eintragung des B ab der Anspruch des A gegen den C der Verjährung unterliegt, so ist nach Vollendung dieser Verjährung das Ergebnis dies, daß A zwar noch den Berichtigungsanspruch gegen B erfolgreich geltend machen kann, nicht aber die vei vindicatio gegen C. Das ist natürlich wieder unbefriedigend. Was nützt dem A das nackte Eigentum, wenn er nicht den daraus sich ergebenden materiellen Anspruch geltend machen kann? Die Kommissionsprotokolle (Bd. III S. 105) eröffnen dem A die Möglichkeit, das Grundstück weiter zu veräußern, „allerdings auf die Gefahr hin, wegen Betruges bestraft zu werden", nach der Meinung der Motive (III S. 311) genügt es dem „öffentlichen Interesse", wenn das Grundbuch in diesem Fall mit Hilfe des Publizitätsprinzips — allerdings durch eine mindestens rechtswidrige, wenn nicht gar strafbare Handlung — „in Ordnung kommt." (!) Damit wird man sich aber nicht zufrieden geben können.

Eine befriedigende Lösung wird nur gewonnen, wenn man anerkennt, daß eine Verjährung des Anspruchs des A gegen den C nicht eingetreten ist, weil eben nicht ein Anspruch aus nicht eingetragenem Recht vorliegt (vgl. oben S. 38 f.).[1]

[1] Bei der Besprechung der hier in Betracht kommenden Rechtsfragen bringt Böhm S. 72 (zu § 898) folgendes Beispiel: A hat dem Karl Müller eine Parzelle verkauft und aufgelassen. Bei der Eintragung ins Grundbuch wird versehentlich Paul Müller als Eigentümer eingetragen. Paul Müller benützt den Irrtum und setzt sich in den Besitz der Parzelle. Er giebt denselben aber nach 20 Jahren auf, und es ergreift Schulze den Besitz, den er 12 Jahre lang ausübt. Die Erben des kurz nach der Auflassung verstorbenen Karl Müller erfahren jetzt den Sachverhalt. „Der Anspruch auf Herausgabe des Grundstücks gegen Schulze ist inzwischen nach § 194 verjährt. Trotzdem können die Erben den Berichtigungsanspruch erheben und verlangen, daß sie als Eigentümer im Grundbuch eingetragen werden." Dieses Beispiel ist m. E. völlig verfehlt. Karl Müller ist nicht Eigentümer geworden, da nicht er, sondern Paul Müller eingetragen worden ist. Eigentümer ist A geblieben. Infolgedessen steht auch der Berichtigungsanspruch dem A bezw. dessen Erben, nicht aber den Erben Karl Müller's zu. Überdies kann von einer Vollendung der Verjährung des Herausgabeanspruchs überhaupt nicht die Rede sein (selbst wenn Verjährung an sich möglich wäre); denn gegen Schulze würde eine neue Verjährung beginnen; § 221 B.G.B. leidet keine Anwendung, da Schulze nicht Rechtsnachfolger von Paul Müller ist.

§ 10. Der Widerspruch.

In Anbetracht der Gefahren, welche die Unrichtigkeit des Grundbuchs für den dadurch Betroffenen in sich birgt, bietet das Gesetzbuch in dem Institut des „Widerspruchs gegen die Richtigkeit des Grundbuchs“ ein provisorisches Schutzmittel, bis die Durchführung des Berichtigungsanspruchs im Prozeßwege erfolgt ist. § 899 besagt:

In den Fällen des § 894 kann ein Widerspruch gegen die Richtigkeit des Grundbuchs eingetragen werden.

Die Eintragung erfolgt auf Grund einer einstweiligen Verfügung oder auf Grund einer Bewilligung desjenigen, dessen Recht durch die Berichtigung des Grundbuchs betroffen wird. Zur Erlassung der einstweiligen Verfügung ist nicht erforderlich, daß eine Gefährdung des Rechtes des Widersprechenden glaubhaft gemacht wird.

I. Die Fälle, in denen ein Widerspruch eingetragen werden kann, sind nach dem Gesetzbuch diejenigen des § 894, der Widerspruch ist eben ein provisorisches Schutzmittel des in § 894 begründeten Berichtigungsanspruchs.

Wer den Berichtigungsanspruch nur in dem Umfange zuläßt, der durch den Buchstaben des § 894 gerade gedeckt wird, der kann natürlich auch den Widerspruch nur in demselben Umfang zulassen. Er wird ihn da ausschließen, wo es sich lediglich darum handelt, eine Verfügungsbeschränkung geltend zu machen oder die unrichtige Löschung einer solchen, einer Vormerkung oder eines Widerspruchs zu entkräften.[1] Wir stehen auf dem Standpunkt weniger enger Auffassung des Gesetzes und haben daher an sich[2] auch die Möglichkeit des Widerspruchs in allen Fällen anzuerkennen, wo wir das Vorhandensein eines Berichtigungsanspruchs feststellen.

Daß der Widerspruch einem Berichtigungsanspruch dient, bildet sein wesentliches Unterscheidungsmerkmal gegenüber der Vormerkung, der er im übrigen als nur vorläufige Eintragung nahesteht; die Vormerkung dient dagegen der Sicherung von Ansprüchen auf materielle Rechtsänderung. Es ergeben sich allerdings Grenzgebiete, wo sowohl Vormerkung wie Widerspruch verwendbar scheinen. So ist der Bestand einer Einrede gegen die Hypothek vorläufig durch Eintragung eines Widerspruchs gegen die Gefahren des Publizitätsprinzips zu sichern. Da aber nach § 1169 B.G.B.

---

[1] Siehe oben S. 51 ff.
[2] Vgl. aber unten S. 79 unter IV.

der Eigentümer auf Grund einer die Geltendmachung der Hypothek dauernd ausschließenden Einrede verlangen kann, daß der Gläubiger auf die Hypothek verzichtet, ihm also aus der peremtorischen Einrede ein Anspruch auf Rechtsänderung erwächst, so kann zur Sicherung dieses Anspruchs auch eine Vormerkung eingetragen werden. Man muß sich aber vergegenwärtigen, dass in diesem Fall die Vormerkung den Anspruch auf den Hypothekenverzicht sichert, der Widerspruch dagegen den auf die Eintragung der Einrede gerichteten Berichtigungsanspruch. Durchaus nicht jede Einrede giebt dem Eigentümer einen Anspruch auf Rechtsänderung, wie Staffel S. 208 anzunehmen scheint: man denke nur an die Einrede der Stundung. Es ist daher nicht richtig, wenn Hachenburg, Vorträge, S. 281, nur die Vormerkung als Sicherungsmittel der Einrede erwähnt.[1]

II. Die Eintragung des Widerspruchs erfolgt nach § 899

1. entweder auf Grund einer einstweiligen Verfügung

2. oder auf Grund der Bewilligung desjenigen, dessen Recht durch die Berichtigung betroffen wird, also desselben, gegen den sich der Berichtigungsanspruch richtet.

Die Eintragung auf Grund einstweiliger Verfügung wird der in der Praxis regelmäßig vorkommende Fall sein. Derjenige, gegen den sich der Berichtigungsanspruch richtet, wird, wenn er seine Bewilligung zur Berichtigung versagt, auch kaum geneigt sein, die Eintragung eines Widerspruchs zu bewilligen. Er wird sich — ebenso wie die Berichtigung — auch die Eintragung des Widerspruchs in der Regel im Prozeßwege abkämpfen lassen. So scheint die Bewilligung der Widerspruchseintragung mehr zum Zweck der theoretischen Vollständigkeit der gesetzlichen Bestimmungen als aus

---

[1] Ähnlich wie oben Vormerkung und Widerspruch, können auch Vormerkung und Verfügungsbeschränkung für denselben Zweck verwendet werden. Verklagt A den eingetragenen Eigentümer B aus einem Kaufvertrag auf Auflassung, so kann er unter Umständen gemäß § 935 C.P.O. eine einstweilige Verfügung erwirken, durch die dem B die Veräußerung des Grundstücks untersagt wird. Dieses Veräußerungsverbot wirkt nach B.G.B. 136 auch ohne Eintragung im Grundbuch, soweit nicht das Vertrauensprinzip eingreift, nicht jedoch gegenüber dem Konkurs des B (§ 13 K.O.). A kann aber auch durch einstweilige Verfügung die Anordnung einer Vormerkung zur Sicherung seines Anspruchs auf Auflassung erwirken. Die noch nicht eingetragene Vormerkung wirkt gar nicht, die eingetragene auch gegenüber dem Konkursverwalter (K.O. 24). — Auch sei auf folgenden Unterschied hingewiesen: die Vormerkung kann auf grund einer Bewilligung des B eingetragen werden, ohne einstweilige Verfügung. Würde der B dem A gegenüber vertragsmäßig seine Veräußerungsbefugnis beschränken wollen, so würde diese Beschränkung nach B.G.B. 137 nur obligatorisch im Verhältnis zwischen A und B, nicht jedoch gegenüber einem Dritten wirken, auch nicht wenn sie eingetragen würde.

praktischem Bedürfnis ins Gesetzbuch aufgenommen zu sein; ihre theoretische Verwendbarkeit als Eintragungsgrundlage würde übrigens schon aus G.B.O. 19, auch ohne ausdrückliche Bestimmung im B.G.B., zu folgern sein. — Eine gesetzliche Fiktion der Bewilligung schafft C.P.O. 895. Liegt nämlich ein vorläufig vollstreckbares Urteil vor, durch welches der Schuldner zur Abgabe einer Willenserklärung verurteilt ist, auf Grund deren eine Eintragung ins Grundbuch erfolgen soll, so gilt die Eintragung einer Vormerkung oder eines Widerspruchs als bewilligt; eines Widerspruchs dann, wenn die endgiltige Eintragung, für welche die dem Schuldner auferlegte Willenserklärung die Grundlage bilden soll, eine Berichtigung des Grundbuchs darstellt, wenn also ein Berichtigungsanspruch geltend gemacht war.

Was nun die Widerspruchseintragung auf Grund einstweiliger Verfügung betrifft, so besagt § 899 B.G.B. lediglich, daß die Glaubhaftmachung einer Gefährdung des Rechts des Widersprechenden nicht erfordert wird. Im übrigen sind, da das Gesetzbuch schweigt, die allgemeinen Vorschriften der Civilprozeßordnung (§§ 935 ff.) anzuwenden. Nach § 936 ist hinsichtlich der Voraussetzungen für den Erlaß § 920 Abs. 2 maßgebend, der für den Arrest Glaubhaftmachung des zu sichernden Anspruchs und des Arrestgrundes fordert; entsprechend wäre also an sich Glaubhaftmachung des Berichtigungsanspruchs und der Rechtsgefährdung zu verlangen. Von dem letztgedachten Erfordernis entbindet jedoch § 899 B.G.B.: die Rechtsgefährdung ergiebt sich aus den grundbuchrechtlichen Verhältnissen von selbst und bedarf infolgedessen nicht der Glaubhaftmachung. Dagegen bleibt bestehen das Erfordernis der Glaubhaftmachung des Berichtigungsanspruchs, also der Glaubhaftmachung derjenigen Thatsachen, aus denen sich die Unrichtigkeit des Grundbuchs und das Berichtigungsinteresse ergiebt. Die Glaubhaftmachung erfolgt nach C.P.O. 294. Nicht also einfach auf die Behauptung des Berichtigungsanspruchs hin kann das Gericht im allgemeinen die Widerspruchseintragung verfügen, es hat die Glaubhaftmachung der ihn erzeugenden Thatsachen zu erfordern oder aber, falls es hiervon absieht, die einstweilige Verfügung nach C.P.O. 921 Abs. 2 von einer Sicherheitsleistung abhängig zu machen, wozu es übrigens nach derselben Bestimmung auch dann befugt ist, wenn die Glaubhaftmachung erfolgt ist.

Zuständig für den Erlaß der einstweiligen Verfügung ist nach C.P.O. 937 Abs. 1 das Gericht der Hauptsache, also dasjenige, bei welchem die Klage zur Geltendmachung des Berichtigungsanspruchs anhängig ist oder zu machen ist. Nach dem auf dem Gesetz vom 17. 5. 98 beruhenden Abs. 2 des § 942 C.P.O. „kann“ die einstweilige Verfügung von dem Amtsgericht erlassen werden, in dessen Bezirk das Grundstück belegen ist, auch wenn der Fall für dringlich nicht erachtet wird. Man wird diese Bestimmung wohl so auszulegen haben, daß dadurch die Zuständigkeit des Amtsgerichts und damit auch die Verpflichtung des um Erlaß der Verfügung angegangenen Amtsrichters ausgesprochen sein soll, von seiner Zuständigkeit Gebrauch zu machen, und daß nicht etwa es in das Belieben des Amtsrichters gestellt sein soll, ob er von seiner Zuständigkeit Gebrauch macht oder den Antragssteller an das Gericht der Hauptsache verweist. Dies hätte jedoch im Gesetz klar ausgesprochen werden sollen.

Für die Vollziehung der einstweiligen Verfügung, also für die Eintragung des Widerspruchs zu sorgen ist nach den allgemeinen Grundsätzen des Arrestverfahrens Sache der Partei. C.P.O. 941 giebt jedoch dem Gericht, welches die einstweilige Verfügung erläßt, die Befugnis, das Grundbuchamt um die Eintragung zu ersuchen. Auch diese Bestimmung entbehrt der nötigen Entschiedenheit. Sie setzt die Partei der größeren oder geringeren Bequemlichkeit des Gerichts aus. Es ist nicht einmal gesagt, daß das Gericht auf Antrag verpflichtet ist, das Grundbuchamt entsprechend zu ersuchen. Es ist schlechterdings unerfindlich, warum das Gesetz nicht einfach und klar bestimmte: das Gericht hat das Grundbuchamt um die Eintragung zu ersuchen, wie dies der erste Entwurf des B.G.B. in § 845 that in richtiger Erkenntnis der Verzögerung, die dadurch entsteht, daß die Ausführung der einstweiligen Verfügung dem Selbstbetrieb der Partei überlassen wird. (Motive III S. 224). Nach der Fassung des § 941 C.P.O. können wir es erleben, daß das Landgericht Breslau dem die Partei vertretenden Leipziger Rechtsanwalt den Beschluß zustellen läßt, wodurch der von ihm beantragte Widerspruch angeordnet wird, und es ihm überläßt, beim Breslauer Grundbuchamt alsdann die Eintragung zu beantragen. Daß dadurch recht schädliche Verzögerungen entstehen können, bedarf wohl keiner weiteren Ausführung.

Soll der Widerspruch mit Beziehung auf eine Hypothek (Grund- oder Rentenschuld) eingetragen werden, über die ein Brief erteilt ist, so könnte nach der allgemeinen Regel in § 42 Abs. 1 Satz 1 G.B.O. die Eintragung nur erfolgen, wenn der Brief dem Grundbuchamt vorgelegt wird. An dieser Regel ist auch im allgemeinen festzuhalten. Insbesondere kann die Eintragung eines Widerspruchs auf Grund der Bewilligung dessen, gegen welchen er sich richtet, nur bei Vorlegung des Briefes erfolgen. Denn nur dann kann das Grundbuchamt die Legitimation des Bewilligenden gemäß § 40 Abs. 2 G.B.O., § 1155 B.G.B. prüfen.

Die G.B.O. schafft nun in § 42 Abs. 1 Satz 2 eine wichtige Ausnahme, indem sie von der Vorlegung des Briefes entbindet, wenn die Eintragung des Widerspruchs durch eine einstweilige Verfügung angeordnet ist (nicht auch im Falle C.P.O. 895!) und der Widerspruch sich darauf gründet, daß

1. entweder die Hypothek oder die Forderung, für welche sie bestellt ist, nicht bestehe,
2. oder daß Hypothek oder Forderung einer Einrede unterliegen,
3. oder daß die Hypothek unrichtig eingetragen sei (vgl. hierzu oben S. 13).

Die Denkschrift zum Entwurf der G.B.O. hebt hervor, daß die Vorlegung des Briefes erforderlich ist, wenn mittels des Widerspruchs die Übertragung des Rechts auf den Besitzer des Briefs bestritten oder eine dem Besitzer entgegenstehende Verfügungsbeschränkung geltend gemacht werden soll. Nicht berücksichtigt scheint hierbei der Fall, wo kraft Gesetzes Forderung und Hypothek auf einen Andren übergegangen sind, wo also mit dem Widerspruch nicht die Übertragung des Rechts auf den Besitzer bestritten, sondern geltend gemacht wird, daß ihm das Recht nicht mehr zustehe (z. B. wenn der Eigentümer, der nicht zugleich persönlicher Schuldner ist, den Gläubiger befriedigt hat. B.G.B. 1143). Da für diesen Fall nichts andres bestimmt ist, so wird man auch hier die Vorlegung des Briefs zu erfordern haben. Das ergiebt freilich eine verschiedenartige Behandlung von einander doch recht nahestehenden Fällen. Ist der Eigentümer zugleich persönlicher Schuldner und befriedigt er den Gläubiger, so bedarf es zur Eintragung des Widerspruchs der Briefvorlegung nicht, da der Widerspruch sich ja darauf gründet, daß die Forderung nicht mehr besteht und infolgedessen die Hypothek dem Eigentümer angefallen ist, während es der Briefvorlegung bedarf, wenn im gleichen Fall der befriedigende Eigentümer nicht persönlich haftet. Höchst zweifelhaft ist ferner die Frage, wie es zu halten, wenn der persönliche Schuldner, der nicht Eigentümer ist, den Gläubiger befriedigt und vom Eigentümer Ersatz verlangen kann. Hier geht doch anscheinend die Forderung durch Tilgung unter und der zahlende Schuldner erwirbt die Hypothek als Sicherungsmittel seines Ersatzanspruchs gegen den Eigentümer. Kann deshalb gesagt werden, der vom Schuldner beantragte Widerspruch stütze sich in diesen Fällen auf das Nichtbestehen der Forderung?

Aber ganz abgesehen von diesen Unebenheiten und Zweifeln muß die Aufnahme der Vorschrift des Satz 2 § 42 in die G.B.O. als ein bedauernswerter Mißgriff bezeichnet werden. Sie stellt denjenigen, welcher eine Briefhypothek erwerben will, vor die Notwendigkeit, sich erst im Grundbuch nach der etwaigen Eintragung eines Widerspruchs erkundigen zu müssen. Dadurch ist die Briefhypothek in ihrer Beweglichkeit in einer Weise beeinträchtigt, die dem preußischen Recht fremd ist und im Gebiet desselben jedenfalls lästig empfunden werden wird. Der große Vorteil der Briefhypothek, die Möglichkeit ihrer Übertragung ohne die Notwendigkeit, sich ans Grundbuchamt wenden zu müssen, ist dadurch fast zu Nichte gemacht. Aus diesem Grund ist es sehr bedauerlich, daß der in der Reichstagskommission gestellte Antrag auf Streichung dieser Bestimmung abgelehnt worden ist.

Die Denkschrift führt zur Begründung an, daß ohne jene Vorschrift es dem Widersprechenden vielfach geradezu unmöglich sein würde, zu einer Eintragung des Widerspruchs zu gelangen. Dieses Übel wäre aber wahrlich kleiner gewesen, als die durch jene Vorschrift dem Hypothekenverkehr angeheftete Schwerfälligkeit.

Die Praxis wird zweifellos das Bedürfniss haben, die Briefhypothek von dieser ihr angelegten Fessel so viel als möglich zu befreien. Vielleicht bietet sich dazu der Weg, daß bei der Bestellung der Hypothek die Anwendbarkeit des § 42 Satz 2 G.B.O. ausgeschlossen und dies mit als Inhaltsbestimmung ins Grundbuch eingetragen wird. Nach G.B.O. 57 Abs. 2 Nr. 3 wäre diese Bestimmung auch aus dem Hypothekenbrief zu erkennen, der Erwerber würde sich also aus dem Briefe von dem Vorhandensein der Bestimmung überzeugen und darauf verlassen können. Gegen die Zulässigkeit einer solchen Bestimmung können m. E. Zweifel nicht erhoben werden. § 42 Satz 2 will vor allem den Eigentümer schützen; dieser Schutz ist aber überflüssig, wenn der Eigentümer selbst darauf verzichtet. Ein Interesse konkurrierender Berechtigter in dem Falle, daß die Hypothek nicht besteht, ist nach dem oben S. 31 ff. Ausgeführten nicht anzuerkennen, da ja der Eigentümer auch die nicht bestehende, aber eingetragene Hypothek jederzeit als Eigentümerhypothek zur Entstehung bringen kann. Im Übrigen mag sich der vorsehen, der den Gläubiger befriedigt, und dies nicht ohne Aushändigung des Hypothekenbriefes thun.

Bei einer Hypothek für die Forderung aus einem Inhaber- oder Orderpapier wird nach § 44 G.B.O. auch die Vorlegung der Urkunde zum Zweck der Widerspruchseintragung zu erfordern sein, soweit nicht der Widerspruch gegen den nach § 1189 B.G.B. bestellten Vertreter erwirkt wird.

Wo zur Eintragung des Widerspruchs die Vorlegung des Briefes erforderlich ist, da ist die einstweilige Verfügung (natürlich nicht ohne entsprechenden Antrag) zugleich auch auf diese Vorlegung zu richten, diese also in der Verfügung anzuordnen. Die Vorlegung wird alsdann auf Grund der Verfügung erzwungen, wenn sie von dem Verpflichteten nicht freiwillig bewirkt wird. Die Zwangsvollstreckung zur Erzwingung der Vorlegung hätte nach dem Wortlaut der §§ 883 ff. C.P.O., 896 B.G.B. gemäß § 888 C.P.O. zu erfolgen; die Praxis wird wohl auf diesen Fall den § 883 C.P.O. entsprechend anwenden, der schneller zum Ziele führen dürfte als das Zwangsverfahren des § 888, es wird also der Gerichtsvollzieher die Urkunde zum Zwecke der Vorlegung vor dem Grundbuchamt dem Verpflichteten wegzunehmen und eventuell das Offenbarungseidsverfahren einzutreten haben. Gerade weil übrigens die Vorlegung des Hypothekenbriefes auch auf Grund der einstweiligen Verfügung erzwungen werden kann, hätte die G.B.O. umsoweniger in gewissen Fällen von seiner Vorlegung absehen sollen.

Eine Sonderbestimmung hinsichtlich der Eintragung eines Widerspruchs enthält B.G.B. 1139. Hiernach wird dann, wenn eine Hypothek für ein Darlehn bestellt und dabei die Brieferteilung ausgeschlossen ist, ein Widerspruch, der sich darauf gründet, daß die Hingabe des Darlehns unterblieben sei, auf den einfachen, vom Eigentümer an das Grundbuchamt zu richtenden Antrag eingetragen, dafern dieser Antrag vor Ablauf eines Monats nach der Eintragung der Hypothek gestellt wird. Der Eigentümer macht in diesem Fall geltend, daß nach § 1163 die Hypothek nicht dem eingetragenen Gläubiger, sondern ihm zustehe. Das Eigentümliche der Bestimmung des § 1139 liegt erstens darin, daß eine einstweilige Verfügung des Gerichts unnötig ist, der Antrag vielmehr unmittelbar ans Grundbuchamt gerichtet und von diesem erledigt wird, ohne daß eine Glaubhaftmachung des Berichtigungsanspruchs stattfindet. Zweitens hat der Widerspruch des § 1139 die Besonderheit, daß ihm rückwirkende Kraft beigelegt ist. Es wird so angesehen, als sei er zugleich mit der Hypothek eingetragen worden, vorausgesetzt nur, daß er innerhalb der einmonatigen Frist eingetragen worden ist. Es kann sich also derjenige, der die Hypothek vor der Widerspruchseintragung abgetreten erhielt, nicht auf die Bestimmung des § 892 stützen.

§ 1139 bezieht sich nur auf die Buchhypothek, nicht auch auf die Briefhypothek. Bei dieser hat es der Eigentümer in der Hand, den Brief nicht eher dem Gläubiger zu übergeben, als bis er die Valuta empfangen hat (B.G.B. 1117). Hätte er gleichwohl den Brief in die Hand des Gläubigers gelangen lassen, ohne die Valuta erhalten zu haben, so würde der Widerspruch auf Grund einstweiliger Verfügung einzutragen sein, wozu übrigens nach § 42 G.B.O. die Vorlegung des Briefes nicht erforderlich wäre. Dieser Widerspruch würde, auch wenn er innerhalb eines Monats eingetragen wäre, rückwirkender Kraft ermangeln.

III. Die Wirkungen des Widerspruchs äußern sich in verschiedener Richtung.

1. Seine wesentlichste Wirkung ist die, daß er das Eingreifen des Vertrauensprinzips verhindert. Ist ein Widerspruch gegen die Richtigkeit des Grundbuchs eingetragen, so gilt nach § 892 B.G.B. dessen Inhalt nicht als richtig. Derjenige, welcher einen Widerspruch gegen den Buchstand im Grundbuch vorfindet, kann sich auf den letzteren, insoweit ihm widersprochen ist, nicht verlassen, er muß mit der Möglichkeit rechnen, daß das Grundbuch unrichtig sei.[1] Es kommt nicht darauf an, ob der Erwerber das Vorhandensein dieses Widerspruchs gekannt hat, sondern lediglich die Thatsache der Eintragung im Grundbuch zu dem Zeitpunkt, in welchem sich der fragliche Rechtserwerb an sich vollzieht, ist entscheidend: bestand die Eintragung, ohne daß der Erwerber davon Kenntnis hatte, so muß er sie doch gegen sich gelten lassen. Der Widerspruch verschafft so dem Berichtigungsanspruch eine Sicherung mit der Wirkung, daß er gegen jeden geltend gemacht werden kann, der nach der Widerspruchseintragung auf Grund des unrichtigen Buchstands ein Recht erworben hat.

2. Für das Zwangsversteigerungs- und -Verwaltungsverfahren hat die Eintragung eines Widerspruchs zur Folge, daß das durch den Widerspruch gesicherte Recht wie ein eingetragenes zu berücksichtigen ist. Z.V.G. 48. Ist ein Widerspruch gegen das Recht des eingetragenen Eigentümers aus dem Grundbuch ersichtlich, so hat das Vollstreckungsgericht gemäß § 28 das Verfahren entweder sofort aufzuheben oder es einstweilen einzustellen unter Bestimmung einer Frist, binnen deren der Gläubiger die Hebung des Hindernisses, also die Löschung des Widerspruchs oder den Verzicht des daraus Berechtigten, nachzuweisen hat.

3. Der eingetragene Widerspruch bewirkt ferner nach B.G.B. 900 eine Hemmung der Tabularersitzung.

4. Weiter wirkt er der Anspruchsverjährung entgegen. Nach § 902 steht hinsichtlich der Verjährung ein Recht, wegen dessen ein Widerspruch gegen die Richtigkeit des Grundbuchs eingetragen ist, einem eingetragenen Rechte gleich. Es kann nun wohl keinem

---

[1] Ungenau ist es, wenn Böhm S. 59 unter 8 sagt, der Kenntnis des Erwerbers von der Unrichtigkeit des Buchinhalts stehe die Eintragung eines Widerspruchs gleich. Ist in dem regelmäßigen Falle, daß zum Rechtserwerb die bücherliche Eintragung erforderlich ist, nach der Stellung des Eintragungsantrags, aber noch vor der Eintragung des fraglichen Rechtserwerbs ein Widerspruch ins Grundbuch eingetragen, so wirkt derselbe gegen den Erwerber, während die zu derselben Zeit erlangte Kenntnis von der Unrichtigkeit des Buchinhalts ihm nicht schaden würde.

Zweifel unterliegen, daß die Eintragung eines Rechts die bis dahin etwa schon verstrichene Verjährung unterbricht, sodaß bei darauffolgender Löschung eine neue Verjährung zu laufen beginnt. Infolgedessen muß auch dem Widerspruch die Wirkung zuerkannt werden, daß er die Verjährung unterbricht.[1] Nach Analogie der §§ 209 ff. B.G.B. wird man aber die Unterbrechung in gewissen Fällen als nicht erfolgt anzusehen haben. So wird der Widerspruch ebenso wie eine zurückgenommene Klage vollständig unberücksichtigt zu lassen sein, wenn er zufolge Bewilligung, also freiwilliger Aufgabe seiten des durch ihn Geschützten oder auf Grund der nach C.P.O. 926 erfolgten Aufhebung der einstweiligen Verfügung wegen Klagversäumung gelöscht wird. Auch verdient die Frage Erwägung, ob hier nicht auch § 940 Abs. 2 B.G.B. für eine Analogie verwendet werden könnte, die Unterbrechung also als nicht erfolgt zu gelten hätte, wenn der Widerspruch ohne die Bewilligung dessen, gegen welchen er sich richtet, eingetragen und binnen Jahresfrist oder auf Grund eines innerhalb dieser Frist anhängig gemachten Verfahrens wieder gelöscht wird. Die Nichtberücksichtigung vorübergehend eingetragener Widersprüche ist um so wünschenswerter, als die Eintragung eines solchen ja nach den Vorschriften des B.G.B. leicht zu erreichen ist. Was übrigens hier für die Nichtberücksichtigung wieder gelöschter Widersprüche gesagt ist, gilt nicht nur gegenüber § 902, sondern ebenso auch gegenüber § 900 B.G.B.[2]

5. Während der Widerspruch nach dem unter 1 bis 4 Ausgeführten fast sämtliche schädlichen Wirkungen der Unrichtigkeit des Grundbuchs zu unterbinden geeignet ist, so bleibt ihm doch eine Wirkung versagt, die lediglich der endgiltigen Buchberichtigung vorbehalten ist: die Verschaffung der thatsächlichen Verfügungsmöglichkeit. Denn nach G.B.O. 40 erfolgt eben eine Eintragung nur, wenn der dadurch in seinem Recht Betroffene als der Berechtigte eingetragen ist, nicht auch, wenn für ihn ein Widerspruch im Buche steht.

IV. Berücksichtigt man die angeführten Wirkungen des Widerspruchs, so ergiebt sich ohne weiteres eine Beschränkung seines Anwendungsgebiets. Der Widerspruch kann vernünftigerweise nur bezwecken, eine der ihm nach Vorstehendem möglicherweise zukommenden Wirkungen auszuüben. Ist keine solche Wirkung mög-

---

[1] a. M. Biermann, der S. 50 zu § 901 Hemmung der Verjährung annimmt.

[2] Der Gedanke analoger Anwendung des § 940 Abs. 2 läßt sich übrigens bei §§ 900 und 902 auch hinsichtlich nur vorübergehend eingetragener Rechte verwerten.

lich, so wäre der Widerspruch auch zwecklos. In solchen Fällen hätte das Gericht den Antrag auf einstweilige Verfügung abzulehnen. Dies ist der Fall, wo sich der Widerspruch gegen das Eingetragensein einer Vormerkung,[1] eines Widerspruchs[2] oder einer Verfügungsbeschränkung richtet. Ein Eingreifen des Publizitätsprinzips mit Bezug auf das Vorhandensein der durch diese Eintragungen verlautbarten Rechte, d. h. zu ihren Gunsten, ist unmöglich, Tabularersitzung und Verjährung können nicht in Frage kommen. Es fehlt in diesen Fällen an dem Bedürfnis einer einstweiligen Regelung, es fehlt der Arrestgrund, dies Wort im weitesten Sinne genommen. Nur die endgiltige Beseitigung jener Einträge im Wege der Durchführung des Berichtigungsanspruchs kann vernünftigerweise bezweckt werden.

V. Es fragt sich, ob die Wirkungen des Widerspruchs absolut oder nur zu Gunsten dessen eintreten, für den er eingetragen worden ist. Das letztere dürfte richtig sein.[3] Einmal wird man nach allgemeinen Grundsätzen Rechtsbehelfe in der Regel nur zu Gunsten derer wirken lassen, welche sie für sich geltend machen. Aber auch die Würdigung der hier in Frage kommenden besonderen Verhältnisse führt zu diesem Ergebnis. Was das Publizitätsprinzip anlangt, so wird der, welcher einen Widerspruch im Grundbuch vorfindet, sich erkundigen, ob dem Widersprechenden ein wirkliches Recht zusteht; überzeugt er sich davon, dafs dies nicht der Fall ist, so kann ihm beim Erwerb des fraglichen Rechts der Umstand nicht entgegengestellt werden, daß einem Dritten Rechte zustanden, die ihm unbekannt waren und für die ein Widerspruch nicht eingetragen war. Auch gegenüber § 900 ist nicht einzusehen, warum sich auf den für den A eingetragenen Widerspruch der B soll berufen können. Für die Beschränkung der Wirkung auf den A spricht auch die Analogie des § 941, 2. Halbsatz. Dasselbe wird auch für die Verjährung zu gelten haben.

VI. Die Beseitigung des Widerspruchs, d. h. seine Löschung, erfolgt zunächst, wenn dieselbe von demjenigen bewilligt wird, zu dessen Gunsten der Widerspruch eingetragen ist. Fehlt die Löschungsbewilligung, so ist zu unterscheiden, worauf die Eintragung beruhte.

War die Eintragung durch einstweilige Verfügung angeordnet, so ist die Aufhebung dieser Verfügung gemäß C.P.O. 924 ff. zu

[1] a. M. Böhm S. 74; vgl. oben S. 18.

[2] Ähnlich auch Böhm S. 445. Wenn jedoch Böhm auch den Nießbrauch erwähnt, so übersieht er die Möglichkeit der Tabularersitzung.

[3] So auch Dernburg S. 152.

erwirken. So kann der durch den Widerspruch Betroffene nach § 924 die Aufhebung im Widerspruchsverfahren oder nach § 927 wegen veränderter Umstände oder gemäß § 926 auf Grund der Versäumung der zur Klagerhebung gesetzten Frist oder endlich durch Rechtsmitteleinlegung gegenüber der in Gestalt eines Urteils ergangenen Verfügung erlangen. Wird infolge der Fristsetzung gemäß § 926 der Berichtigungsanspruch im ordentlichen Prozeß geltend gemacht, so kommt es dadurch zu endgiltiger Entscheidung. § 934 wird nur selten zur Anwendung kommen können, da nach § 939 die Aufhebung einer einstweiligen Verfügung gegen Sicherheitsleistung nur unter besondren Umständen gestattet werden, der Fall des § 934 Abs. 2 jedoch für die Eintragungen im Grundbuch nicht praktisch werden kann. Immerhin wird die Aufhebung gemäß § 934 Abs. 1 namentlich dann erfolgen können, wenn der Widerspruch die Unrichtigkeit einer Hypothekenlöschung geltend machen soll: in diesem Fall ist es allerdings angebracht, von vornherein die Aufhebung der einstweiligen Verfügung gegen Sicherheitsleistung zuzulassen. So bieten sich die verschiedensten Wege zur Beseitigung des Widerspruchseintrags; ist die einstweilige Verfügung durch eine vollstreckbare Entscheidung aufgehoben, so kann nach G.B.O. 25 auf Grund der Letzteren die Löschung ohne weiteres durchgeführt werden.

Dies gilt ebenso, wenn das vorläufig vollstreckbare Urteil, auf welchem der Widerspruchseintrag gemäß C.P.O. 895 beruht, durch eine vollstreckbare Entscheidung aufgehoben ist.

Ist freilich der Widerspruch auf Grund einer (nicht fiktiven) Bewilligung oder gemäß B.G.B. 1139 eingetragen worden, so bleibt zu seiner Beseitigung dem dadurch Betroffenen nur der Berichtigungsanspruch: er muß auf Bewilligung der Löschung des unberechtigerweise im Grundbuch stehenden Widerspruchs klagen.

In Anbetracht der behindernden Wirkungen des Widerspruchs einerseits, seiner leichten Erreichbarkeit andrerseits wird sich wahrscheinlich das Bedürfnis herausstellen, ihn auch im Wege des Aufgebotsverfahrens beseitigen zu können, dies vor allem dann, wenn es zunächst — namentlich von einem phlegmatischen Rechtsvorgänger — versäumt worden ist, sofort Schritte zur Beseitigung des Widerspruchs zu thun. Das B.G.B. enthält keine ausdrücklichen Vorschriften in dieser Beziehung, wir sind auf die Anwendung entsprechender Bestimmungen angewiesen.

Soweit der Widerspruch der Erhaltung eines Vorkaufsrechts, einer Reallast oder einer Hypothek (Grund- oder Rentenschuld) dienen soll, werden die §§ 1104. 1112. 1170 B.G.B. direkt angewendet werden können. Das Aufgebotsverfahren ist also als zulässig zu erachten, wenn der Berechtigte unbekannt ist und seit der Eintragung des Widerspruchs 10 Jahre verstrichen sind, auch innerhalb dieser Zeit das Recht des Widersprechenden nicht gemäß B.G.B. 208 anerkannt worden ist. Dienstbarkeiten kommen nicht in Frage, da bei ihnen der Berechtigte nicht wohl unbekannt sein kann.

Soll der für einen angeblich berechtigten Eigentümer oder Erbbauberechtigten eingetragene Widerspruch beseitigt werden, so ist zweifellos § 927 B.G.B. unmittelbar anwendbar. Wenn der als Eigentümer Eingetragene, der das Aufgebot beantragt, seit 30 Jahren das Grundstück im Eigenbesitz hat, so kann der durch den Widerspruch Geschützte mit seinem angeblichen Eigentum oder Erbbaurecht ausgeschlossen werden, falls er gestorben oder verschollen ist und seit der Eintragung des Widerspruchs 30 Jahre verstrichen sind. Der Eingetragene würde dann mit dem Erlaß des Ausschlußurteils die unanfechtbare Rechtsstellung als Eigentümer erlangen (seine Eintragung, die im eigentlichen Fall des § 927 zum Eigentumserwerb noch erfordert wird, besteht schon).

Man wird aber wohl noch weiter gehen können und in analoger Anwendung des § 887 B.G.B. ein Aufgebotsverfahren lediglich zwecks Ausschließung der Rechte aus dem Widerspruch (nicht auch des Eigentums selbst) dann zulassen dürfen, wenn der durch den Widerspruch Geschützte unbekannt ist und seit 10 Jahren weder eine Eintragung hinsichtlich des Widerspruchsrechts noch eine thatsächliche Ausübung des durch den Widersprnch geschützten Rechts (Eigentum oder Erbbaurecht) stattgefunden hat.

§ 11. Berichtigung auf Grund Nachweises der Unrichtigkeit.

Nach G.B.O. 22 bedarf es der Bewilligung zur Berichtigung des Grundbuchs dann nicht, wenn die Unrichtigkeit nachgewiesen wird.

Auf den ersten Blick scheint es, als werde durch diese Bestimmung das Recht desjenigen, der durch die Berichtigung betroffen wird, in rücksichtsloser Weise ignoriert. Ohne daß er darum gefragt wird, soll der, welcher im Grundbuch eingetragen steht, dem also nach B.G.B. 891 die Vermutung materiellen Rechts zur Seite steht, aus dieser seiner Rechtsstellung verdrängt werden. Aber diese Bestimmung verliert an Gefährlichkeit für den Eingetragenen, wenn man berücksichtigt, welche hohen Anforderungen an die Führung des Nachweises der Unrichtigkeit gestellt werden. Nach G.B.O. 29

muß die Unrichtigkeit, soweit sie nicht bei dem Grundbuchamt offenkundig ist, durch öffentliche, bezw. öffentlich beglaubigte Urkunden nachgewiesen werden.

Soweit die Unrichtigkeit dadurch entstanden ist, daß außerbücherlich Rechtsänderungen ohne entsprechenden Bucheintrag vor sich gegangen sind, genügt zum Nachweis der Unrichtigkeit der Nachweis derjenigen Thatsachen, aus denen sich die außerbücherliche Rechtsänderung mit logisch zwingender Notwendigkeit ergiebt. Dieser Nachweis ist besonders einfach da, wo die rechtsverändernde Thatsache eine richterliche Verfügung ist, also im ordentlichen Geschäftsgang an sich schon zur öffentlichen Beurkundung gelangt. So sind die Ausfertigungen der im Aufgebotsverfahren ergehenden Ausschlußurteile die sicher zum Ziele führenden Beweismittel für die mit dem Urteilserlaß erfolgte Rechtsänderung. Nicht richtig wäre es, hierher auch die Fälle des Zwangsversteigerungsverfahrens zu stellen; nach Z.V.G. 130 wird das Grundbuchamt um die Berichtigung vom Vollstreckungsgericht ersucht; auf Grund dieses Ersuchens, nicht einer Würdigung des erbrachten Beweises trägt das Grundbuchamt ein. Ein wichtiger Fall, in dem die Unrichtigkeit regelmäßig durch öffentliche Urkunden nachzuweisen ist, ist der der Erbfolge. Hier kann die Berichtigungsbewilligung des Erblassers natürlich nicht beigebracht werden. Der Nachweis der Erbfolge ist durch einen Erbschein zu führen, doch genügt auch, falls die Erbfolge auf einer in öffentlicher Urkunde enthaltenen Verfügung von Todeswegen beruht, die Vorlegung der Verfügung und des Protokolls über deren Eröffnung. G.B.O. 36. Wenn weiter der im Grundbuch als alleiniger Berechtigter Eingetragene mit seinem Ehegatten vertragsmäßig die allgemeine Gütergemeinschaft begründet, dann ist entweder die über den Vertrag abgefaßte öffentliche Urkunde (z. B. das gerichtliche Protokoll über den Ehevertrag), oder ein Zeugnis des Gerichts über die Eintragung im Güterrechtsregister das geeignete Beweismittel. G.B.O. 34. Die speziell bei der Hypothek rechtsverändernd wirkenden Thatsachen werden gleichfalls in zahlreichen Fällen durch öffentliche bezw. öffentlich beglaubigte Urkunden nachgewiesen werden können. Wer als Briefhypothekar sein Gläubigerrecht gemäß B.G.B. 1155 nachweisen kann, der kann zweifellos durch Vorlegung des Briefes und der öffentlich beglaubigten Übertragungsurkunden erreichen, daß er im Grundbuch als Berechtigter eingetragen wird; dies folgt aus G.B.O. 26. Solchenfalls erlangt er die Berichtigung des Grundbuchs durch den Nachweis der Unrichtigkeit. Die Befriedigung des Hypothekengläubigers durch öffentliche Urkunde nachzuweisen ist der Schuldner z. B. dann in der Lage, wenn er, zur Zahlung verurteilt, den Gläubiger zu Händen des

6*

Gerichtsvollziehers gegen Aushändigung des vollstreckbaren Schuldtitels und Quittung gemäß C.P.O. 757 befriedigt. Mit dieser Gerichtsvollzieherquittung, also einer öffentlichen Urkunde erlangt er ohne weiteres die Buchberichtigung durch Umschreibung der Hypothek auf seinen Namen. In andren Fällen wird der Nachweis der erfolgten Befriedigung regelmäßig durch die Quittungserklärung des bisherigen Berechtigten zu erbringen sein. Da diese in öffentlicher oder öffentlich beglaubigter Urkunde nachzuweisen ist, so wird in der Praxis regelmäßig mit der Quittung die Berichtigungsbewilligung verbunden werden. Immerhin ist daran festzuhalten, daß die erstere (ebenso wie die letztere) für sich genügen würde, um die Berichtigung herbeizuführen. Dies kann praktisch wichtig dann sein, wenn die Berichtigungsbewilligung in der fraglichen Urkunde entweder versehentlich ganz unterblieben ist, oder an Mängeln leidet, z. B. das Grundbuchblatt nicht korrekt bezeichnet. Das Vorhandensein einer Einrede gegen die Hypothek und die in deren Nichtverlautbarung beruhende Unrichtigkeit kann z. B. durch Vorlegung einer Ausfertigung des vor dem Prozeßgericht abgeschlossenen und protokollierten Vergleichs bewiesen werden, in welchem der Gläubiger, der die Hypothekarklage erhoben hatte, mehrjährige Stundung gewährt. Den Nachweis der Rechtshängigkeit (vgl. oben S. 8) führt der Kläger einfach dadurch, daß er dem Grundbuchamt die Klage mit der Zustellungsurkunde vorlegt; es bedarf also keiner Verfügung des Prozeßgerichts, wie Böhm S. 63 annimmt.

Beruht die Unrichtigkeit des Grundbuchs auf einem unwirksamen Bucheintrag, so ist ein negativer Beweis zu führen: es ist nachzuweisen, daß es an denjenigen Faktoren fehlt, welche entweder allein oder zusammen mit dem Bucheintrag die eingetragene Rechtsänderung bewirken würden. Dieser Beweis ist nicht schon dann als erbracht anzusehen, wenn erwiesen wird, daß diejenigen Unterlagen, auf Grund deren der Eintrag bewirkt wurde, mangelhaft waren. Denn diese Eintragsunterlagen, welche in der Eintragsbewilligung (G.B.O. 19), den Beweismitteln der Unrichtigkeit (§ 22) oder dem Ersuchen einer Behörde (§ 39) bestehen, sind von den materiell wirkenden Faktoren wohl zu unterscheiden. Die letzteren werden, wie bereits oben S. 34 ff. betont wurde, dem Grundbuchamt in der Regel gar nicht nachgewiesen. Da ferner der dingliche Vertrag oder die dingliche einseitige Willenserklärung, die zusammen mit dem Bucheintrag eine Rechtsänderung herbeiführen können, in der Regel — nämlich abgesehen insbesondre von der Auflassung — formlos und jederzeit erfolgen können, so ergiebt sich die Notwendigkeit, jedem einzelnen als „unwirksam“ angefochtenen Bucheintrag gegenüber die Frage zu erwägen, ob nicht ein solcher materiell wirkender Faktor eingetreten sein könnte, der den Bucheintrag wirksam zu machen geeignet wäre. Nur dann, wenn die Gewißheit erbracht ist, daß ein solcher Faktor nicht eingetreten ist, kann die Unrichtigkeit als erwiesen gelten.

Gesetzt z. B., der eingetragene Eigentümer A, der wegen Verschwendung entmündigt ist, bestellt dem B eine Hypothek am Grundstück, die eingetragen wird. Der Vormund des A, der seine Zustimmung nicht erteilt hat, kann die Berichtigung nicht einfach dadurch erlangen, daß er nachweist, zur Zeit der Abgabe der Eintragsbewilligung oder auch zur Zeit der Ausstellung der dem Grundbuchamt miteingereichten Urkunde, welche die materielle Hypothekenbestellung enthält, sei der A bereits entmündigt gewesen, — etwa durch Vorlegung des Entmündigungsbeschlusses —, er müßte vielmehr nachweisen, daß eine wirksame Hypothekenbestellung nie erfolgt ist. Brächte er ein Zeugnis des Vormundschaftsgerichts, daß dasselbe seine nach B.G.B. 1821 erforderliche Zustimmung nie erteilt hat, so bliebe doch die Möglichkeit bestehen, daß A vor seiner Entmündigung oder aber vor ihm sein Erblasser den dinglichen Vertrag geschlossen hätte, der nach B.G.B. 185 Abs. 2 ihn dinglich binden würde, selbst wenn er von dem A oder dessen Erblasser vor dem Erwerb des Grundstücks abgeschlossen wäre. Und selbst wenn außer dem oben erwähnten Zeugnis des Vormundschaftsgerichts noch der Nachweis erbracht würde, daß A nie unbeschränkt geschäftsfähig war und nie jemanden beerbt hat, so bliebe doch die Möglichkeit bestehen, daß A unrichtigerweise im Grundbuch eingetragen ist und B mit dem wirklichen Eigentümer einen wirksamen Hypothekenbestellungsvertrag abgeschlossen habe.

Man könnte entgegenhalten, daß im Prozeß der durch seinen Vormund klagende A zweifellos nur zu behaupten und zu beweisen brauchte, daß zur Zeit der Abgabe der Eintragsbewilligung bezw. der in Verbindung damit erfolgten Hypothekenbestellung die Entmündigung bereits bestand, während es Sache des B wäre, zu behaupten und zu beweisen, daß eine giltige Hypothekenbestellung vorliegt. Es ist aber zu berücksichtigen, daß im Prozeß eben beide Parteien zu Worte kommen, daß daher dort Behauptungs- und Beweislast verteilt sind, während das durch G.B.O. 22 geregelte Berichtigungsverfahren eine einseitige Beweisführung des Berichtigungsinteressenten ist, die ohne Gehör des Gegners erfolgt. Die Anforderungen an den zu erbringenden Beweis müssen um so höher gestellt werden, als der Eintrag einer Beschwerde nicht unterliegt (G.B.O. 71) und auch unmittelbar vom Moment seiner Buchung an seine Wirkungen äußert. Der in B.G.B. 1139 ausgesprochene Gedanke, daß der Eintrag binnen einer bestimmten Frist ohne weitres entkräftet werden kann, ist leider im Zusammenhang mit G.B.O. 22 nicht verwertet worden, obwohl gerade da, wo endgiltige Bucheinträge ohne Wissen und Willen des dadurch Betroffenen erfolgen, eine Ermöglichung der Anfechtung des Eintrags binnen bestimmter Frist wünschenswert gewesen wäre.

Die Möglichkeit eines zu irgendwelcher Zeit abgeschlossenen dinglichen Vertrages oder einer einseitigen Erklärung ist nun nicht nur dann zu erwägen, wenn die formellen Eintragsunterlagen gerade auf diese Faktoren hinweisen, sondern auch dann, wenn der Eintrag erfolgt ist auf Grund irgend welcher andrer Unterlagen. Wäre z. B. auf Grund eines gefälschten Erbscheins das Recht auf den in jenem Schein Benannten überschrieben, so würde dieser möglicherweise doch das Recht auf Grund des Eintrags in Verbindung mit einem zwischen ihm und dem Erblasser oder auch dem wahren Erben abgeschlossenen dinglichen Vertrag erworben haben können; es würde also der (durch Herbeiziehung der Nachlaßakten zu führende) Nachweis der Fälschung des Erbscheins noch nicht genügen. Wo allerdings eine Auflassung in Frage kommt und nicht nach Art. 143 des Einführungsgesetzes zum B.G.B. die Entgegennahme derselben landesgesetzlich auch andren Behörden oder Beamten bezw. den Notaren überlassen, das Grundbuchamt vielmehr ausschließlich zur Entgegennahme zuständig ist, kann die Offenkundigkeit des Umstands, daß eine Auflassung nicht stattgefunden, ein giltiger dinglicher Vertrag also nicht zustande gekommen ist, für den Beweis der Unrichtigkeit verwendet werden.

Hinsichtlich der in dem Beweisverfahren des § 22 G.B.O. zur Anwendung kommenden Beweismittel ist zu berücksichtigen, daß der Beweis zu führen ist mit Wirkung gegen denjenigen, dessen Recht durch die Berichtigung betroffen wird; es können also nur solche Beweismittel verwendet werden, welche diesem gegenüber wirksam sind. Wenn also z. B. die Denkschrift zur G.B.O. in ihren Bemerkungen zu § 38 Abs. 1 des Entwurfs (= G.B.O. 40) das Feststellungsurteil als Beweismittel erwähnt, so ist eben zu berücksichtigen, daß das Urteil im allgemeinen nur zwischen den Parteien wirkt und daher zwischen dem Beweisführer und dem Berichtigungsgegner ergangen sein muß. Wirkt das Beweismittel in dieser Weise gegen den Berichtigungsgegner, so ist auch dessen etwaiger Widerspruch gegen die Vornahme der Berichtigung unbeachtlich.

Nicht in allen Fällen genügt übrigens der Nachweis der Unrichtigkeit zur Buchberichtigung. Es verlangt nämlich G.B.O. 22 Abs. 2 zur Eintragung eines Eigentümers oder Erbbauberechtigten, soweit nicht der Fall des § 14 vorliegt, die Zustimmung des Einzutragenden und G.B.O. 27 Abs. 1 zur Löschung einer Hypothek, Grund- oder

Rentenschuld die Zustimmung des Eigentümers, auch wenn diese Einträge zur Berichtigung des Grundbuchs erfolgen sollen und die Unrichtigkeit nachgewiesen ist.

Nach Vorstehendem sehen wir, daß die einseitige Führung des Nachweises der Unrichtigkeit unter Umständen recht schwierig sein kann. Es kann daher sehr leicht vorkommen, daß der Beweisführer die Tragkraft seiner Beweismittel überschätzt, und es ist deshalb zu bedauern, daß diejenige Instanz, welche die erbrachten Beweismittel für die Unrichtigkeit des Grundbuchs nach G.B.O. 22 würdigt, eine andre ist als die, bei welcher die Anordnung einer Widerspruchseintragung zu beantragen ist. Es wäre für die Praxis eine außerordentliche Erleichterung, wenn derjenige, welcher die Buchberichtigung erstrebt und den Nachweis der Unrichtigkeit durch öffentliche Urkunden zu führen versucht, seinem Hauptantrag auf Berichtigung den Eventualantrag auf Widerspruchseintragung hinzufügen könnte. Sehr oft wird sich der Fall ereignen, daß die beigebrachten Beweismittel zwar nicht zur Erbringung des Beweises der Unrichtigkeit, wohl aber zu deren Glaubhaftmachung genügen. In solchem Fall wird nach den Bestimmungen der G.B.O. der Antrag auf Berichtigung abzuweisen sein und der Antragssteller sich genötigt sehen, beim Gericht die Anordnung der Widerspruchseintragung durch einstweilige Verfügung nachzusuchen. Hat er die einstweilige Verfügung glücklich erlangt, so ist er möglicherweise auch noch gezwungen, diese selbst zur Bewirkung des Eintrags dem Grundbuchamt vorzulegen. Dieser Mechanismus entbehrt der wünschenswerten Einfachheit, die mit ihm verbundene Verschleppung ist gefährlich. Eine glücklichere Regelung wäre es gewesen, wenn der Antrag auf Widerspruchseintragung unmittelbar beim Grundbuchamt zu stellen und von diesem zu erledigen wäre. Hat das Grundbuchamt nach G.B.O. 22 die schwerwiegende Entscheidung zu treffen, ob das Buch richtig ist oder nicht, und auf Grund dessen endgiltige Eintragungen vorzunehmen, so kann ihm auch zugetraut werden, daß es zutreffend befinden wird, ob auf Grund einer Glaubhaftmachung ein vorläufiger Eintrag zu bewirken ist. Gerade die Grundbuchrichter würden vermöge ihrer fortgesetzten Beschäftigung mit Grundbuchsachen zur Entscheidung der Frage, ob die Unrichtigkeit des Buches glaubhaft gemacht sei, besonders befähigt sein.

§ 12. Der Anstoß zur Berichtigung.

Wir haben bisher stillschweigend vorausgesetzt, daß der Anstoß zur Berichtigung durch den Antrag eines Interessenten gegeben wird. Wir haben noch zu erörtern, wer antragsberechtigt ist, sowie auf die Fälle einen Blick zu werfen, wo das Grundbuchamt von Amtswegen oder auf Ersuchen einer Behörde Schritte zum Zweck der Buchberichtigung thut.

I. Die Person des Antragsberechtigten ergiebt sich aus §§ 13. 14 G.B.O.

1. In erster Linie, aus eignem Recht ist antragsberechtigt nach § 13 Abs. 2 jeder, dessen Recht von der Eintragung betroffen wird oder zu dessen Gunsten die Eintragung erfolgen soll. Wie sich aus der besondren Bestimmung des § 14 ergiebt, die den Kreis der Antragsberechtigten erweitern will, ist der, „zu dessen Gunsten" die Eintragung erfolgen soll, nicht etwa jeder, dem aus der Eintragung irgendwelche Vorteile erwachsen, — nicht also z. B. der Gläubiger des Einzutragenden —, sondern lediglich derjenige, welcher durch den Eintrag unmittelbar die ihm günstige oder günstigere Stellung im Grundbuche selbst erlangt; dazu gehört auch der konkurrierende Berechtigte, welcher durch Löschung eines vorhergehenden Rechtes im Range verbessert wird.

Den Antrag auf Berichtigung zu stellen ist also sowohl derjenige befugt, dem der Anspruch des § 894 B.G.B. zusteht, wie der, gegen welchen er sich richtet. Geht der Antrag von Letzterem aus, so bekümmert sich das Gesetz im allgemeinen nicht darum, ob derjenige, zu dessen Gunsten die Berichtigung erfolgt, mit dieser auch einverstanden ist. Eine Ausnahme bildet der schon oben berührte § 22 Abs. 2 G.B.O. Hiernach darf die Berichtigung des Buches durch Eintragung eines Eigentümers oder Erbbauberechtigten, sofern nicht der Fall des sogleich zu behandelnden § 14 vorliegt, nur mit Zustimmung des Einzutragenden erfolgen, wohl deshalb, weil der Letztere nicht nur Rechte und Vorteile, sondern auch Lasten — insbesondere auch öffentlich rechtliche — übernimmt.

2. Da eine Eintragung nach G.B.O. 40 Abs. 1 im allgemeinen nur erfolgen soll, wenn der durch sie Betroffene als der Berechtigte eingetragen ist, so ist der in einer mißlichen Lage, welcher gegen einen nichteingetragenen Berechtigten einen vollstreckbaren Schuldtitel hat, auf Grund dessen er eine Eintragung ins Grundbuch verlangen kann: soweit nicht etwa § 41 eingreift, kann er seinen Schuldtitel nicht verwirklichen, solange der Schuldner nicht eingetragen ist. Dessen Eintragung aber zu beantragen ist er aus § 13

nicht befugt. § 14 giebt ihm daher ein abgeleitetes Antragsrecht; „abgeleitet“ ist es aus dem Rechte des Schuldners, denn dessen Antragsrecht ist es eigentlich, welches der Gläubiger geltend macht (ebenso wie in den Fällen der §§ 792. 896 C.P.O.). Der dasselbe begründende vollstreckbare Titel ist entweder unmittelbar auf Bewilligung einer Eintragung im Grundbuch gerichtet (die wieder entweder rechtsverändernd oder nur berichtigend wirken soll) oder er geht auf Zahlung einer Geldsumme. Letzterenfalls kann er Grundlage für den Eintrag einer Sicherungshypothek sein, wenn der Schuldner Grundstückseigentümer ist, oder er kann die Grundlage für eine Pfändung und deren grundbücherliche Eintragung bilden, wenn dem Schuldner ein andres, pfändbares Recht am Grundstück zusteht. Da nach Z.V.G. 17 die Zwangsversteigerung nur angeordnet werden darf, wenn der Schuldner als Eigentümer eingetragen oder wenn er Erbe des eingetragenen Eigentümers ist, so ist das abgeleitete Antragsrecht auch dem die Zwangsversteigerung betreibenden Gläubiger zuzubilligen.[1]

Auf Grund dieses abgeleiteten Antragsrechts kann nun der Gläubiger die Eintragung des Schuldners nur dann erlangen, wenn er auch die Bewilligung des durch die Berichtigung etwa betroffenen Dritten beibringt oder die Unrichtigkeit des Buches nachweist. Wie ist ihm zu helfen, wenn ihm weder das eine noch das andre gelingt, wenn also der Dritte die Bewilligung verweigert, die grundbuchmäßigen Beweismittel für die Unrichtigkeit fehlen? Die Denkschrift zur G.B.O. (zu § 38 des Entw.) verweist in dieser Beziehung auf den Berichtigungsanspruch des Schuldners als Zwangsvollstreckungsobjekt. Dem wird wohl beizustimmen sein.

a. Handelt es sich um die Zwangsvollstreckung wegen einer Geldforderung, so erfolgt diese in den Berichtigungsanspruch des Schuldners gemäß C.P.O. 857 durch Pfändung und Überweisung, und es haben die Vorschriften der §§ 828 ff. entsprechende Anwendung zu finden: das Verfahren ist nach diesen Vorschriften zu regeln.[2]

---

[1] Vgl. Denkschrift zur G.B.O. zu § 13 des Entwurfs. Staffel S. 204.

[2] Wenn Staffel (S. 211) auch § 848 hinsichtlich der materiellen Wirkungen als maßgebend heranzieht und mit der Berichtigung des Buches durch Eintragung des Schuldners als Eigentümer dem Gläubiger kraft Gesetzes eine Sicherungshypothek erwachsen läßt, so dürfte ihm darin schwerlich zu folgen sein. Denn § 848 ist nur eine Konsequenz des in § 1287 B.G.B. ausgesprochenen Satzes, daß mit der Leistung der Forderungsgläubiger den geleisteten Gegenstand, der Pfandgläubiger ein Pfandrecht an demselben erwerbe. Wie will man diesen Satz auf den Berichtigungsanspruch anwenden, der doch nicht auf die Leistung eines Gegenstandes, sondern auf die Bewilligung des Berichtigungseintrags gerichtet ist? — Jedenfalls ist aber die Bestellung eines Vertreters

b. Ist der Schuldner zur Bewilligung einer Eintragung ins Grundbuch verurteilt, die nach G.B.O. 40 den Eintrag des Schuldners voraussetzt, so bietet sich die Analogie des § 886 C.P.O. dar.[1] Wie dort dem Gläubiger, der die Herausgabe einer im Gewahrsam eines Dritten befindlichen Sache vom Schuldner zu verlangen hat, die Möglichkeit der Überweisung des Herausgabe-Anspruchs des Schuldners gegen den Dritten, also der Verwertung des dem Schuldner zustehenden Mittels zur Erlangung des Gewahrsams gegeben wird, so wird auch dem Gläubiger der Berichtigungsanspruch des Schuldners zu überweisen[2] sein, mit dessen Hilfe er die ihm notwendige Eintragung des Schuldners erlangen kann.

Es könnte entgegengehalten werden, daß auch mit einer Feststellungsklage zum Ziele zu gelangen, die Überweisung also überflüssig sei: das in öffentlicher Urkunde vorliegende rechtskräftige Urteil, welches dem eingetragenen Dritten gegenüber die Unrichtigkeit seiner Eintragung, das Bestehen des nicht eingetragenen Rechtes des Schuldners feststellte, könnte als Beweismittel benützt und so vom Gläubiger gemäß § 14 G.B.O. die Eintragung des Schuldners erlangt werden. Auf diesen Weg weist auch die Denkschrift zur G.B.O. (zu § 38 des Entw.) hin.[3] Seine Zulässigkeit wird wohl auch nicht bestritten werden können. Aber einmal ist zu berücksichtigen, daß das Feststellungsurteil nur scheinbar ein echtes Beweismittel der Unrichtigkeit, vielmehr in Wirklichkeit ein Surrogat der an sich erforderlichen Berichtigungsbewilligung des Betroffenen und infolgedessen nur verwendbar ist, wenn es gegen diesen wirkt. Es entspricht also wohl mehr dem Wesen der Sache, wenn der ausdrücklich auf die Berichtigungsbewilligung abzielende Berichtigungsanspruch erhoben wird.

---

für den Schuldner völlig überflüssig. Sowie der Schuldner im Grundbuch eingetragen ist, ist dem Antrag des Gläubigers auf Eintragung der Sicherungshypothek nach § 867 C.P.O. zu entsprechen, ohne daß es irgend einer Bewilligung bedarf. Selbst wenn man annehmen wollte, daß die Sicherungshypothek (analog dem § 848) kraft Gesetzes entstanden, würde eine Eintragsbewilligung unnötig sein: dann würde der Gläubiger durch Vorlegung des Pfändungs- und Überweisungsbeschlusses und des Schuldtitels in Verbindung mit dem vom Grundbuchamt vorgenommenen Berichtigungseintrag die Entstehung der Sicherungshypothek nachweisen und gemäß G.B.O. 22 ihre Eintragung erlangen können.

[1] Wie Staffel S. 212 richtig hervorhebt.

[2] Staffel spricht S. 212 (am Ende von Abschnitt II) nicht ganz zutreffend von „Pfändung".

[3] Staffel, der hierin der Denkschrift nicht folgen will, verkennt S. 212, daß das Feststellungsurteil hier als Beweismittel der Unrichtigkeit, nicht als vollstreckbarer Schuldtitel des § 14 G.B.O. verwendet wird.

Außerdem aber reicht das Feststellungsurteil in den Fällen nicht aus, wo die Berichtigung eine Briefhypothek betrifft. Man denke an den Fall, daß die dem Schuldner zustehende Hypothek unrichtigerweise gelöscht, über die durch diese Löschung im Range begünstigte nachstehende Hypothek aber ein Brief erteilt ist. Hier bedarf es zur Berichtigung nicht nur der Bewilligung des Eigentümers, sondern auch der des nachstehenden Hypothekars und — da dessen Legitimation gar nicht anders festgestellt werden kann — der Vorlegung des Briefes. Einzig und allein durch Pfändung und Überweisung des Anspruchs aus § 896 B.G.B. wird dem Gläubiger die Möglichkeit gegeben, die Vorlegung des Briefes von dem sie verweigernden Dritten zu erzwingen. Muß man aber die Überweisbarkeit dieses Hilfsanspruchs aus praktischen Gründen zweifellos anerkennen, so sind damit auch alle Zweifel an der Überweisbarkeit des eigentlichen Berichtigungsanspruchs aus § 894 ausgeschlossen.[1]

II. Kehren wir nun zu der Frage nach dem Anstoß zur Berichtigung zurück. Der Regel des § 13 G.B.O. nach soll eine Eintragung im allgemeinen nur auf Antrag erfolgen. Es ist, wie das der Idee des Privatrechts überhaupt entspricht, dem einzelnen Be-

[1] Damit ist jedoch m. E. durchaus noch nicht gesagt, daß der Berichtigungsanspruch auch im Wege freiwilliger Abtretung übertragbar sei. Dem Gläubiger kann gar nicht anders geholfen werden als dadurch, daß man ihm den Berichtigungsanspruch überweist. Dessen Abtretbarkeit könnte gleichwohl zu verneinen sein, ebenso wie § 719 B.G.B. Verfügungen eines Gesellschafters über seinen Anteil am Gesellschaftsvermögen ausschließt, § 725 aber gleichwohl die Pfändung dieses Anteils durch einen Gläubiger des Gesellschafters anerkennt. Es soll auf diese schwierige Frage hier nicht näher eingegangen werden. Nur soviel sei gesagt, daß die Loslösung des Berichtigungsanspruchs von der Person desjenigen, dem das Berichtigungsinteresse zusteht, schwerwiegenden Bedenken begegnen muß, die m. E. durch die von Staffel S. 209 ff. angeführten Argumente noch nicht behoben werden. Der Hinweis auf § 931 B.G.B. schlägt nicht durch: wenn sich die Cession der rei vindicatio nach gemeinem Recht vergleichsweise heranziehen läßt, weil ein Anspruch übertragen werden soll ohne gleichzeitige Übertragung des zu grunde liegenden materiellen Rechts, so fehlt gerade dieses tertium comparationis bei der Abtretung des Anspruchs auf Herausgabe nach § 931, die ja gerade — als Surrogat der Übergabe — das Eigentum überträgt. — Vollständig ausgeschlossen ist jedenfalls eine Abtretung des Berichtigungsanspruchs mit der Wirkung, daß die seinen Gegenstand bildende Berichtigungsbewilligung auf Eintragung des Cessionars zu richten wäre, wie dies Dernburg anscheinend für zulässig hält, wenn er S. 338 sagt, es könne der nichteingetragene Eigentümer die Eigentumsklage und den Berichtigungsanspruch an einen Dritten abtreten. Des Cessionar wird durch die Abtretung nicht Eigentümer, seine Eintragung kann also nicht Berichtigung des Grundbuchs sein; sie würde der Rechtsänderung dienen. Eine derartige, seinem Wesen widersprechende Wandlung des Berichtigungsanspruchs ist m. A. begrifflich ausgeschlossen.

teiligten überlassen, selbst den Anstoß zu den grundbücherlichen Verlautbarungen und insbesondre auch zur Buchberichtigung zu geben. Ein Zwang zur Berichtigung des Buches, wie er in verschiedenen bestehenden Rechten zugelassen wird, ist im Reichsrecht nicht anerkannt. Dagegen schreibt die G.B.O. in gewissen Fällen vor, daß das Grundbuchamt von Amtswegen aus Anlaß einer Unrichtigkeit des Buches thätig werde. Hierher gehören die Bestimmungen der §§ 8, 49, 52, 53, welche die Verlautbarung gewisser, zunächst ein bestimmtes Grundbuchblatt angehender Verhältnisse auf einem andren, mitbeteiligten Blatte sowie die Erkennbarmachung gewisser erbrechtlicher Verhältnisse vorschreiben. Wird eine das Grundbuch berichtigende Eintragung beantragt und stehen dieser Eintragung Hindernisse entgegen, so hat zufolge § 18 das Grundbuchamt, falls es den Antrag nicht schlechthin zurückweist, dem Antragssteller eine angemessene Frist zur Hebung des Hindernisses zu bestimmen und zu Gunsten des gestellten Antrags von Amtswegen einen Widerspruch einzutragen, sobald vor seiner Erledigung eine andre Eintragung begehrt wird, durch die dasselbe Recht betroffen wird. Der Widerspruch ist von Amtswegen zu löschen, wenn der früher gestellte Antrag, dem er diente, zurückgewiesen wird.

Während hier ein echter Widerspruch gegen die Richtigkeit des Buches vorliegt, hat der von Amtswegen einzutragende Widerspruch des § 23 G.B.O. mit dem echten nur den Namen gemein. Der Widerspruch des § 23 ist nicht ein solcher gegen die Richtigkeit des Buches, sondern ein Protest gegen die Löschung zur Wahrung der dem Rechtsnachfolger bezw. dem eingetragenen Berechtigten selbst zustehenden Einrede gegen den Berichtigungsanspruch. Er ist also gradezu bestimmt, einem Berichtigungsanspruch entgegenzuwirken, nicht ihm zu dienen.

Besondre Beachtung verdient noch § 54 G.B.O. Dieser unterscheidet

a. die Unrichtigkeit des Grundbuchs, hervorgerufen durch eine unter Verletzung gesetzlicher Vorschriften vom Grundbuchamt vorgenommene Eintragung,

b. das Vorhandensein einer ihrem Inhalt nach unzulässigen Eintragung.

Bei der letzteren liegt zwar ebenfalls eine Verletzung gesetzlicher Vorschriften, jedoch keine Unrichtigkeit im eigentlichen Sinne vor (vgl. oben S. 19). Das Grundbuchamt hat die Eintragung von Amtswegen zu löschen.

Dagegen kann die vom Grundbuchamt selbst herbeigeführte Unrichtigkeit in den Fällen bei a nicht von Amtswegen völlig beseitigt werden. Durch diesen Eintrag ist irgend einem Dritten in der Regel eine gewisse günstige Rechtsstellung verliehen, aus welcher derselbe, insbesondre mit Rücksicht auf die Möglichkeit einer Konvaleszenz des Eintrags, nicht ohne weiteres verdrängt werden darf. Infolgedessen wird nur ein Widerspruch Amtswegen eingetragen,[1] damit etwaigen schädlichen Wirkungen der Unrichtigkeit des Buches vorgebeugt werde, die Sorge für die Beseitigung des unrichtigen Eintrags dagegen den Beteiligten überlassen.

Hat das Grundbuchamt ungesetzlicherweise eine derartige Eintragung vorgenommen und unterläßt es nun, der in § 54 ausgesprochenen Verpflichtung nachzukommen, so kann es im Wege der Beschwerde nach § 71 G.B.O. zur Erfüllung seiner Pflichten angehalten werden. Auf diesem Wege erlangt also der durch die unrichtige Eintragung Beeinträchtigte die Eintragung eines Widerspruchs, ohne daß er eine einstweilige Verfügung des Prozeßgerichts zu erwirken brauchte.

III. Es erübrigt nur noch, der Fälle zu gedenken, in denen die Berichtigung weder auf unmittelbaren Antrag der Beteiligten noch auf Grund gesetzlicher Amtspflicht des Grundbuchamts, sondern auf das Ersuchen einer zuständigen anderen Behörde erfolgt, G.B.O. 39.

Solche Fälle sind — um Beispiele auf Grund reichsgesetzlicher Bestimmungen hervorzuheben — durch die §§ 19, 34, 130, 158 Z.V.G. gegeben, denen zufolge im Zwangsversteigerungsverfahren das Grundbuchamt durch das Vollstreckungsgericht von Amtswegen um Eintragung oder Löschung des Zwangsversteigerungsvermerks, um Eintragung des Erstehers sowie um Löschung der durch das Verfahren erloschnen Rechte zu ersuchen ist. Aus der Konkursordnung seien erwähnt die §§ 113, 190, 204, auf Grund deren das Konkursgericht das Grundbuchamt um Eintragung des allgemeinen Veräußerungsverbotes und der Konkurseröffnung, sowie der Aufhebung oder Einstellung des Verfahrens zu ersuchen hat. Auf § 941 C.P.O. wurde schon oben hingewiesen (vgl. S. 74). Auch gehören hierher die Fälle der §§ 71, 76 G.B.O., in denen das Beschwerdegericht das

---

[1] Damit sind aber auch die Befugnisse des Grundbuchamts erschöpft. Unrichtig ist es, wenn Böhm S. 379 sagt, der Grundbuchbeamte könne, falls eine Person versehentlich als Eigentümer eingetragen sei, auch den Antrag eines Gläubigers derselben auf Hypothekeneintragung ablehnen. Ist derjenige, dessen Recht durch die Eintragung betroffen wird, als Berechtigter eingetragen, so ist die begehrte Eintragung zu bewirken; ob der Eingetragene auch materiell berechtigt ist, kommt für den Grundbuchbeamten nicht in Betracht. Er kann vor der Eintragung der Hypothek den Widerspruch gegen den Eigentümereintrag ins Buch bringen, nicht aber auch gegen den von ihm pflichtgemäß zu bewirkenden (also nicht auf Verletzung gesetzlicher Vorschriften beruhenden) Hypothekeneintrag, wie man aus Böhm's weiteren Ausführungen entnehmen könnte.

Grundbuchamt zu einer Eintragung „anweist“ oder ihm eine solche durch „einstweilige Anordnung“ „aufgiebt“; ebenso fallen hierunter, falls die Landesgesetzgebung Bestimmungen in Gemäßheit der §§ 100, 101 G.B.O. erläßt, die Anordnungen des zur Aufsicht über das Grundbuchamt bestellten Amtsgerichts.

Von landesrechtlichen Vorschriften über das von einer Behörde ans Grundbuchamt zu stellende Ersuchen um Berichtigung sei hier nur auf den schon oben (S. 27) erwähnten § 18 des sächsischen Gesetzes vom 18. Juni 1898 Bezug genommen.

Das Ersuchen kann von Amtswegen oder auch nur auf Antrag eines Beteiligten zu stellen sein; letzteres z. B. ist der Fall bei dem Ersuchen um Löschung des Vermerks der Konkurseröffnung oder des Veräußerungsverbots nach § 114 K.O. Das Ersuchen der Behörde tritt ferner in gewissen Fällen wahlweise neben dem unmittelbaren Antrag der Beteiligten beim Grundbuchamt auf: so kann nach § 113 K.O. die Verlautbarung des Veräußerungsverbots oder der Konkurseröffnung auch vom Konkursverwalter beantragt werden, desgleichen kann im Falle des § 941 C.P.O. auch die Partei die Eintragung des Widerspruchs beantragen.

In allen Fällen, wo das Grundbuchamt um Bewirkung eines der Grundbuchberichtigung dienenden Eintrags von der zuständigen Behörde ersucht wird, hat es dem Ersuchen ohne Prüfung der materiellen Unterlagen zu entsprechen.

FSC
www.fsc.org
MIX
Papier | Fördert gute Waldnutzung
FSC® C083411

Kolibri 360 GmbH
Ferdinand-Jühlke-Straße 7
99095 Erfurt, Deutschland
produktsicherheit@kolibri360.de